Graciela Perícola

El artista y la mirada del otro
Una aproximación en tres tiempos

Editorial Brujas

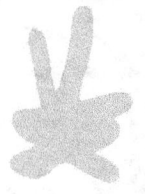

Editorial Brujas

Autora: Dra. Graciela Perícola
Arte de tapa: José Pizarro
Arte interior: Fabián Liguori,
Gonzalo Leiva, Liliana Di Negro

Libro basado en la tesis de Doctorado en Psicología cursado en la Universidad del Salvador y dirigida por el Dr. Gabriel de Ortúzar durante 2013.

Pericola, Graciela R.
　El artista y la mirada del otro : una aproximación en tres tiempos / Graciela R. Pericola. - 1a ed . - Córdoba : Brujas, 2018.
　136 p. ; 21 x 14 cm.

　1. Arte. 2. Teoría del Arte. I. Título.
　CDD 701

El Artista y la Mirada del Otro es distribuido bajo Licencia Creative Commons Atribución 4.0 Internacional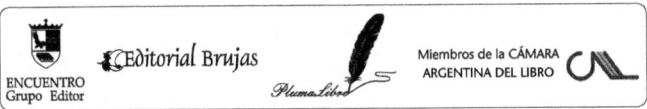

© De todas las ediciones, Pericola,GracielaR.
© 2018 Editorial Brujas
1ª Edición.
Impreso en Argentina

Queda hecho el depósito que marca la ley 11.723.
Ninguna parte de esta publicación, incluido el diseño de tapa, puede ser reproducida, almacenada o transmitida por ningún medio, ya sea electrónico, químico, mecánico, óptico, de grabación o por fotocopia sin autorización previa.

ENCUENTRO Grupo Editor — Editorial Brujas — PlumaLibro — Miembros de la CÁMARA ARGENTINA DEL LIBRO

www.editorialbrujas.com.ar　publicaciones@editorialbrujas.com.ar
Tel/fax: (0351) 4606044 / 4691616– Pasaje España 1486 Córdoba–Argentina.

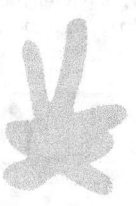

Editorial Brujas

A los artistas que me inspiraron, a todos gracias.

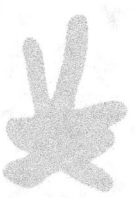

Editorial Brujas

Índice

Prólogo   011
Resumen   015
Introducción   017
Estado actual del conocimiento   025

Capitulo I

El despliegue de lo inútil del deseo en el campo artístico. Sobre el sujeto-autor: el artista y su proceso creador   033
   Acerca de la sublimación   039
   La creencia en el valor del arte y en el poder del artista de crear valor   042
   Entre el arte y el oficio: alcances de una familiaridad   048
   La visión no es la mirada   051
   Síntesis   061

Capitulo II

El artista y la idea ejemplar: la obra   065
Aproximaciones a la definición de arte   066
Clasificación del arte   068
Acerca de la reproductibilidad técnica   073
Dos teorías acerca de la belleza   075
Síntesis   081

Capitulo III

El artista y la mirada del otro: sobre el reconocimiento   085
Lo objetivante y subjetivante de las estrategias individuales   090
El espectador   092

La educación por el arte: condiciones que influyen en el aprendizaje	094
Institucionalización del arte: la Academia	097
La academia y el anti-academicismo: un caso particular	099
Síntesis	102
Diseño metodológico	107
Introducción	107
Pregunta-problema	110
Hipótesis de trabajo	110
Planteo del programa	110
Objetivos	111
Metodología	112
Muestra	112
Población	112
Modalidad de la recolección de datos	113
Instrumento	113
Análisis y discusión de resultados	115
A: Alumnos en calidad de ingresantes	115
B: Alumnos en condición de finalización	118
Hallazgos y consideraciones finales	123
Referencias bibliográficas	131

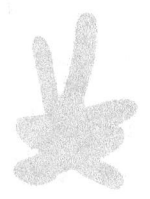

Editorial Brujas

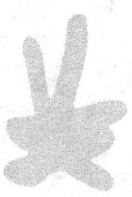
Editorial Brujas

Prólogo

En el marco de mi tesis doctoral en la Universidad del Salvador Buenos Aires Argentina y a cargo de la dirección del doctor Gabriel de Ortúzar se plantea este trabajo de investigación ligado a las prácticas en el campo de las artes visuales, a las trayectorias, intereses biográficos de los artistas, autodidactas, ingresantes y alumnos en formación dentro del campo artístico. La investigación que aquí se presenta reviste el carácter de exploratoria y de corte cualitativo. A modo de ir desplegando los avatares de la escritura en este campo artístico que me fue introduciendo a nuevas miradas, la intención de este prólogo de autor implica también un nuevo acto de mirar.

Al decir de Jhon Berger (2010) "la visión no es la mirada"; es así que el acto de mirar sucede bajo determinadas condiciones que crean imágenes en nuestro yo. La satisfacción que implica el acto de mirar, lo particular impregna las miradas de otros es allí donde lo ajeno, lo extraño se vuelve obra.

El artista en el campo de las artes visuales despliega su mirada a través de su hacer de poner en juego prácticas que dan cuenta de sí, a partir de múltiples posibilidades.

En ese estado de total y absoluta incoherencia el sujeto artista crea dejando una huella indeleble en la mirada del espectador, dejando una dimensión de su ser, de su saber, de su poder como así también de aquello que no sabe que sabe.

Ver significa contemplar también el mundo, mirar significa fijar la vista en un detalle o aspecto particular de aquello que se mira, en palabras de Jhon Berger por eso la visión no es la mirada.

En ese descubrimiento fascinante acontece el acto creador que se renueva una y otra vez en las disposiciones de la mirada del otro, de ese otro significante, la mirada en tanto que acto es descripta desde la metapsicología como acción puncional. La mirada en tanto satisfacción del acto remite a la idea de una

 energía: la energía y la tensión de ese acto. Esa energía se va perdiendo a medida que tal acto se despliega. No solo se disipa sino que, además, es causa misma del acto. Esta acepción del concepto de mirada como satisfacción producida y productora del acto será denominada siguiendo a Lacan "goce u objeto" (Nasio: 2001).

Para el psicoanálisis, el mundo no existe como cosa en si, sino que esta compuesto por imágenes.

Se puede tender un puente entre psicoanálisis y arte ya que en ambos campos existe un recorrido hacia "lo otro".

El arte utiliza lo imaginario para organizar simbólicamente ese real a través de su práctica en la obra, en esta primera aproximación a la problemática que aquí nos convoca y que surge como hipótesis inicial referida al campo de las artes visuales que en las prácticas del campo del arte se ponen en juego una serie de factores: las representaciones históricas del artista, la familiaridad del sujeto en el campo en cuestión, la diferenciación como atributo subjetivo en relación con el proceso de autopercepción y la materialización de una idea que deviene en obra.

Es en este intento y/o desafío del artista contemporáneo de conmover, comunicar, y conectar la idea, la mano y el ojo como un todo posible que haciendo devenir histórico y subjetivo se convierte en una práctica que da cuenta de si.

Resumen

En una primera aproximación a esta problemática se sostiene la hipótesis de que en las prácticas del campo del arte se ponen en juego una serie de factores: las representaciones históricas del artista, la familiaridad del sujeto con el campo en cuestión, la diferenciación como atributo subjetivo en relación con el proceso de autopercepción y la materialización de una idea que deviene en obra.

Esas estructuras disposicionales que manifiesta el sujeto artista en sus imágenes pueden conectarse con tres momentos del trabajo de producción. Primeramente, el contenido afectivo de la obra. En segundo lugar, el contenido formal. Finalmente, el contenido simbólico: aquello que evoca y convoca.

La mirada psicosociológica aquí supone una epistemología basada en la teoría de la complejidad de Edgar Morin. Esta perspectiva se ve enriquecida por diversos aportes del cognoscitivismo, el psicoanálisis y el estructuralismo constructivista. A partir de estas contribuciones, en este trabajo se intenta problematizar dos términos y su operatividad dentro del campo artístico: el sujeto y su autoría.

Se han focalizado las trayectorias autobiográficas como así también los intereses y prácticas de artistas, ingresantes y alumnos en formación dentro del campo artístico. La investigación está caracterizada como exploratoria y reviste un corte cualitativo.

Palabras clave: Artista, Estructuras disposicionales, Autodefinición, Mirada, Sujeto, Autor, Obra, Práctica, Espectador.

Introducción

La primera motivación detrás de esta investigación se basa en el deseo de explorar los deseos, experiencias y prácticas que ayudan a dar cuenta de sí al artista en el campo de las artes visuales. El segundo motivo surge tras advertir un notable consenso dentro de la comunidad de teóricos y críticos de arte: se considera que los elementos relevantes a ser analizados en una obra de arte surgen a partir de la práctica profesional en el campo de la formación académica y la trayectoria artística.

Subyace a este análisis un acercamiento epistemológico derivado de la teoría de la complejidad de Edgar Morin. Consideramos oportuno también incorporar aportes del cognoscitivismo, el psicoanálisis y el estructuralismo constructivista.

El principio de complejidad consiste en el reconocimiento de la complejidad de los fenómenos y de la imposibilidad de explicarlos a partir de principios y elementos simples sin mutilarlos. Frente al principio de disyunción del pensamiento simplificador, Morin propugna un principio de relación en virtud del cual se reconoce la necesidad de distinguir y analizar pero, además, se incita al analista a comunicar en lugar de aislar y poner en disyunción. El paradigma de la complejidad une, implica mutuamente nociones que, en el marco del paradigma de simplificación/reducción, son puestas en disyunción y se excluyen entre sí. Superar la oposición entre objetivismo y subjetivismo es la intención de esta exploración de campo. El principio de la complejidad intenta evitar el dilema objetivista-subjetivista. Al hacerlo discute con varios frentes; principalmente con Bourdieu, para quien la noción de práctica (considerada como producto de la relación dialéctica entre acción y estructura) centra su interés en la dialéctica que existe entre la estructura y el modo en que los sujetos construyen la realidad social en diferentes campos. La reflexión de Morin no debe ser leída como una simple meditación del sujeto sobre sí; el análisis debe más bien orientarse hacia ese espacio complejo de conflictos y competencia en el que se desarrolla la tarea específica del científico social. El principio de la complejidad afirma además que las estructuras también existen en el mundo social y que las estructuras objetivas son independientes de la conciencia y la voluntad de los agentes. Morin adopta una posición constructivista que le permite analizar la génesis de los esquemas de percepción, pensamiento y acción así como de las estructuras sociales.

En relación con los aportes del cognoscitivismo, se considera aquí que esta línea permite recuperar la exteriorización de acciones a través de acciones interiorizadas que interactúan entre el mundo natural y social en el campo del arte. De esta manera se privilegian aquellas estructuras que en términos de intereses y preferencias se desarrollan en el tiempo, en la historia subjetiva del sujeto artista. Es por ello que, en efecto, las estructuras formales, emotivas y perceptivas y el pensamiento simbólico y conceptual tienen una contrapartida en las estructuras presentes en la obra de arte.

Recuperar el concepto de deseo en el psicoanálisis implica tomar posición con respecto del concepto de sujeto y de su hacer que, en efecto, porta el inconsciente dejando una huella que bordea el supuesto saber en función del otro. La mirada supone, más allá del deseo, una posición de goce[1] que sólo a través del lenguaje implica una estructura como necesaria y suficiente en función de la letra. En Freud, la escritura de este discurso registra, con la ayuda de la letra, la formación del inconsciente. En Lacan, esto se inscribe dentro de una cadena de significan-

---

1. El goce concierne al deseo y, más precisamente, al deseo inconsciente; esta noción desborda ampliamente toda consideración sobre los afectos, emociones y sentimientos para plantear la cuestión de una relación con el objeto que pasa por los significantes inconscientes. Este término fue introducido en el campo del psicoanálisis por Lacan; continúa la elaboración freudiana sobre la Befriedigung pero difiere de ella. Quizás el término jouissance [goce] podría aclararse con un recurso a su etimología posible: por una parte, el joy medieval designa en los poemas corteses la satisfacción sexual cumplida); por la otra, su uso jurídico sugiere el goce de un bien distinguido de su propiedad (lo que se llama 'usufructo'. Para ulterior desarrollo, véase el texto de Lacan: Seminario XX, 1972-73, "Aún".

tes. El acercamiento psicoanalítico de este texto tendrá en cuenta, además, la ruptura entre estos tres momentos: mirar, mirarse y ser mirado. Es en esa ruptura, frente a la obra de arte, que un sujeto en posición de espectador (cualquiera sea su modo de mirar) recupera para sí las huellas dejadas por el acto creador del artista.

Del estructuralismo constructivista se recuperará la concepción práctica del conocimiento como habitus. Del mismo modo, se recuperan también los mecanismos de adquisición y exteriorización particularizada en la cultura que pone en juego el sujeto artista. El creador (denominado así en su propio campo) se ve en la necesidad (no determinante) de atribuir a su obra una estructura histórica que adopta formas peculiares en los diferentes campos en los que actúa.

Todas estas herramientas contribuyen a desentrañar algunas prácticas del campo artístico. Dentro de este campo se enfocarán algunos elementos fundamentales que atañen al propio conocimiento del artista: las representaciones históricas que sostiene, su familiaridad con el campo artístico, la diferenciación dentro del campo como atributo subjetivo, etc. Tenderemos puentes entre estas situaciones, las estructuras internas del artista y su auto apreciación en relación con una idea y el uso de materiales para acercarse a ella.

Esas estructuras disposicionales del artista se explicitan a través de la obra en diferentes aspectos: lo afectivo, lo formal, lo simbólico. Estos aspectos señalan diferentes momentos de la labor productiva y nos sirven como claves para organizar el análisis; respectivamente: la imagen presentada, los factores formales, el contenido simbólico (aquello que evoca y convoca). En el proceso de producción, las estructuras disposicionales del artista se construyen en la subjetividad al mismo tiempo en que vienen realizadas en el objeto artístico.

El saber práctico y las disposiciones a actuar del artista son el efecto de experiencias, deseos, modos de aprendizaje y procesos de interacción subjetiva y objetiva. El trabajo artístico supone un intenso proceso de ensayo y error en el que se exploran mediante las formas y el uso de material específico tanto los límites de la percepción y la sensibilidad como del soporte material utilizado.

Aproximarse a un tema y comenzar a tener conciencia de él son cosas diferentes. La conciencia adquirida al respecto de este asunto, y que motiva la dirección de este trabajo de investigación, se ha visto profundamente influida por una experiencia de años desarrollando la docencia en el campo de las artes visuales. A partir de este conocimiento, teórico pero también experiencial, se he intentado un acercamiento a una mejor captación de la denominación artista.

La pregunta sobre la identidad del artista es, según Felipe Noé (2009), una forma de interrogarse sobre qué es un creador simbólico. La identidad del artista se ve interpelada por una serie de conceptos e interpretaciones. A lo largo del tiempo, renacentistas y románticos, vanguardistas y posvanguardistas, intentaron definir el ser y hacer del artista. Diferentes momentos históricos, culturas y ámbitos, implican también diferentes cosmovisiones de la identidad del artista. Ernst Gombrich inicia la Introducción a su Historia del arte (1997) diciendo que el arte como fenómeno estancado y claramente delimitable no existe realmente. El Arte con A mayúscula no es más que un fantasma y un ídolo. Según Gombrich se puede afirmar únicamente la existencia de los artistas. Son aquellos sujetos que en otro tiempo cogían tierra colorada y dibujaban toscamente las formas de un bisonte sobre la pared de una cueva para apoderarse simbólicamente del alma del animal. Son los mismos que hoy compran colores y trazan carteles para las estaciones del metro.

El artista, según Bourdieu, es aquel de quien los artistas dicen que es un artista. O bien: el artista es aquel cuya existencia, en cuanto artista, está en juego, en ese juego que Bourdieu llama 'campo artístico'. Es la cuestión de saber quién tiene derecho de decirse 'artista' y sobre todo de decir quién es artista. Se trata de una definición que no llega a ser una definición y que tiene el mérito de escapar de la trampa de la definición, sin perder de vista que es ella la que está en juego en el campo artístico. En el mundo del arte, contra el cual Manet se rebeló, existían instancias de evaluación. El Estado era el juez, en última instancia, cuando se trataba de evaluar la calidad artística de una obra y su productor. Es, dicho de otro modo, un punto de vista legítimo del mundo, en este campo, garantizado por el Estado (Bourdieu: 2012: 25-26).

Saber percibir a un artista es algo muy diferente de la definición del concepto artista. Afrontar esta última tarea se presenta como un proceso complejo y escabroso. Por ese motivo, y antes de entrar en categorías ajenas y estereotipos subyacentes, se prefiere despejar equívocos. Se advierte desde ya que en este trabajo no se abordará la historia del arte en relación con sus estilos, formas y percepciones críticas en función de la obra. Tampoco se desarrollarán ciertas prácticas del artista relacionadas en mayor o menor medida con el arte local, nacional o internacional. Se considera que las prácticas del artista y los procesos simbólicos varían en el tiempo, en las diferentes culturas y ámbitos en los que se piensa el arte. No obstante, el abordaje que se propone aquí intenta centrarse en la pertenencia del artista al propio campo en función de la obra y de su propia historia constitutiva.

En esta investigación se han elegido dos espacios académicos de la ciudad de Córdoba Capital para delimitar el trabajo. También se ha considerado oportuno incluir la visión de aquellos artistas que se denominan tales sin haber transitado por esas instancias de legitimación académica (autodidactismo). Se han focalizado las trayectorias autobiográficas como así también los intereses y prácticas de artistas, ingresantes y alumnos en formación en el campo artístico dentro de las artes visuales. Esta investigación reviste un carácter exploratorio y de corte cualitativo.

Las siguientes dimensiones son analizadas de forma especial:

1) Dimensión intrasubjetiva del proceso creativo

del artista.

2) Dimensión objetivante de la obra de arte, sobre la idea ejemplar y su autoría.

3) Dimensión intersubjetiva del campo artístico de los productos culturales existentes y el reconocimiento.

El arte funciona, se desarrolla y legitima siempre en relación íntima con una sociedad particular. El arte consiste en esta enunciación social, es testimonio de un pensar, hacer, padecer y sentir en el interior de una cultura. Como pocos dispositivos, el arte sabe desentrañar y reflejar algunos de los complejos mecanismos de lo social.

Un acercamiento al tema desde la psicosociología y el psicoanálisis dentro del campo artístico nos permite visualizar mejor el entrecruzamiento y la especificidad de dos términos centrales en este trabajo: el sujeto y su autoría. El acto creativo contempla una diversidad de habilidades, aprendizajes, estilos y deseos que se ponen en juego dinámicamente cada vez que un receptor opera subjetivamente un proceso de valoración o rechazo del objeto estético. Desde esta instancia se considera y valora el rol de la mirada. Estos elementos ya presupuestos en toda labor de creación estética, diferencian al arte de otros tipos de creatividad humana que no necesariamente incluyen la subjetividad y lo ficcional. En el arte existe también el aspecto objetivante de la obra. Al tratar este punto se hará especial referencia al entrecruzamiento de los campos social, psicológico y artístico, poniendo en evidencia también algunas particularidades propias del ejercicio y la práctica del artista.

La historicidad de los procesos artísticos en los sujetos se interconecta constantemente con la dimensión del otro. Este es uno de los sentidos de la intuición de Rimbaud: «el yo deviene otro». Teniendo en cuenta esta dimensión se intentará analizar el terreno impredecible en el que el arte acontece: el acto estético indefinidamente reconstruido que da sentido y trascendencia a objetos que, de otro modo, no ofrecerían ninguna relación particular con el espíritu.

Estado actual del conocimiento

En Arte y Belleza en la estética Medieval (1997), Umberto Eco afirma que en la obra de arte se combinan las ideas entre desarrollo, composición, organización y tanteo. Pensar en ello es poner tensión entre aquello que el creador sabe y aquello que desconoce. Esta dicotomía se convierte en clave de la obra abierta y ayuda a comprender lo que genera la obra de arte en tanto producción artística. El siglo XX supuso una renovación ya que estuvo marcado profundamente por un arte no figurativo, abstracto, que prescinde de los elementos de ordenación matemática y mensurable, cuestionando fuertemente tanto la historia del arte como la definición misma de belleza en El arte contemporáneo (2001), Francisco Calvo Serraller, realiza intensamente un recorrido a través de los movimientos estéticos desde el siglo XVIII en adelante, detectando como uno de los primeros síntomas de la revolución artística la discordancia que opone el arte contemporáneo al del pasado. Esta ruptura no se limita únicamente a problemas formales, técnicos o estéticos sino que afectan también al uso social del arte, que ha sido modificado sustancialmente a lo largo del tiempo. Que un espectador ante una obra de arte busque instantáneamente descifrar su significado demuestra el peso narrativo que ha caracterizado al arte clásico occidental, habituado a contar historias mediante imágenes apoyándose en un canon de belleza legitimado, dejando al margen a todos aquellos que no pudiesen entender esas reglas estéticas.

Es así también, que en El valor del arte para el desarrollo subjetivo (2008), Oscar Zelis y Paula Llompart exponen algunos conceptos resultantes de una investigación, cuyo estudio se apuesta a las prácticas artísticas como una herramienta válida y potente para el desarrollo subjetivo. Los autores sostienen que uno de los puntos de intersección entre arte y psicoanálisis puede situarse en el "estilo"; es decir: la búsqueda de un estilo propio por parte del artista implica entrar en el campo de la subjetividad, concebir la posibilidad de que un sujeto haga algo con sus propias marcas y actúe, desde lo que es, hacia la posibilidad de la producción creadora. El camino de la creación y el estilo remiten a un sujeto del deseo, y trazan ante el artista y todo aquel que transite esos caminos la posibilidad de situarse de forma novedosa para sí y los demás, exponiendo lo más profundo de su interioridad, realizándose él mismo en ese acto y afianzando su subjetividad. Todas estas posibilidades favorecen el acceso a la simbolización. Estos mismos criterios de producción creadora desde la estética experimental, son enlazados también en la tesis doctoral Estudios empíricos sobre criterios estéticos y juicio artístico en estudiantes de bellas artes y psicología (2008),de Manuel Hernández Belver que expone algunos estudios empíricos sobre criterios estéticos y juicio artístico sostenidos por largo tiempo dentro del campo de la estética experimental (incluidos los trabajos de Fechner y seguidores en Alemania y posteriormente en Estados Unidos). Aunque hace unos años la estética experimental sufrió un decaimiento, en estos días se observa nuevamente un crecimiento y un cambio de perspectiva. Se destaca hoy en esta ciencia el aspecto artístico, desplazado anteriormente por el aspecto psicológico. Se utilizan para su estudio criterios más simplificados y mensurables del proceso creativo.

En relación a la ruptura del propio campo del arte se introduce la discusión en términos incitantes a cerca de la obra de arte, y es así que Ramón Alcalá en "Del arte con fronteras a las obras nómadas"(2007), se plantea la muerte del arte, y si el arte ha muerto: ¿Qué es el arte?" recupera la discusión del texto clásico de Arthur Danto Después del fin del arte (After the end of art, 1984). El título y el texto se construyen en clave provocativa; hablar del fin del arte y preguntarse a la vez por su significado pueden verse como señales contradictorias. El artículo sostiene que, al hablar del fin del arte, aquello que en realidad se está afirmando es el fin de una concepción específica de arte que acompaña a la sociedad occidental al menos desde Platón. El texto añade una anécdota esclarecedora: la expresión 'fin del arte' fue usada por primera vez por el pintor Paul Delaroche en 1893, haciendo referencia a la pintura, luego del invento de la fotografía.

El dispositivo analítico introduce a la discusión la problemática de la mirada, cuya distinción es tomada dentro de los estudios psicoanalíticos por Juan David Nasio, en La mirada en psicoanálisis (2001), analiza un inconveniente central: el dispositivo de análisis no se ve pero se mira. La visión no es la mirada. Ver es percibir el mundo; mirar es fijar la vista en un detalle. El texto de Nasio rastrea la primera distinción explícita de este punto hasta un seminario de Lacan de principios de la década del sesenta.

En el mismo sentido Silvia Tulián, en su tesis de maestría en psicoanálisis" De lo sublimatorio y la creatividad" (2010), introduce pregunta sobre la sublimación, su relación con la conducta impulsiva y la conexión con la constitución del psiquismo. La autora decide seleccionar para su estudio una población de creativos, profundizando entre ellos en las vicisitudes sublimatorias a partir del análisis de sus biografías y sus cualidades de innovación. En el estudio se sugiere que la creatividad se relaciona con dones o talentos personales y que existen indicios de ciertos funcionamientos psíquicos que favorecen o inhiben la posibilidad de sublimación. Es de considerar en la misma dirección la reformulación de Massimo Recalcati, en "Las tres estéticas de Lacan"(2006), reflexiona sobre la obra lacaniana, afirmando que sus tres estéticas no representan una teoría completa sobre el arte sino que más bien se tratan de tres tópicas posibles de la creación artística y su producto.

Las tres estéticas de Lacan (Estética del vacío, Estética anamórfica y Estética de la letra) insisten de modo inédito en poner el arte en una relación determinante con lo real. En la Estética del vacío, el exceso irreductible de lo real se constituye en la Cosa misma: el arte se manifiesta como organización significante. En la Estética anamórfica, el exceso es algo puramente interno dentro de la obra. En la Estética de la letra, el exceso se manifiesta en lo singular y demuestra su marca a través de la repetición, una necesidad de la repetición que se entrelaza con la contingencia más pura. El exceso de lo real –fenómeno irreductible al significante– se manifiesta en la singularidad de la letra como destino; o más bien: como unión radical de contingencia y necesidad. En este sentido, la tercera estética encuentra su solución eficaz en la experiencia del pase y en la escritura del poema subjetivo que éste comporta. Sobre estas cuestiones Claudio Mangifesta en" El trazo incesante"(2004), se interroga sobre cuestiones que convocan al objeto artístico: las posiciones de artista y espectador frente a la obra, la forma en que ciertas imágenes provocan reacciones emotivas o inquietantes en los receptores, etc. La obra revisa el objeto de la pulsión escópica proponiendo la hipótesis de que hay una esquizia entre mirada y visión de modo que la mirada queda del lado del objeto. Mangifesta sostiene que el proceso de creación renueva constantemente los interrogantes del análisis psicológico ya que conlleva siempre indagaciones sobre su articulación con el registro de lo real y la pluralidad de goces implicados.

Asimismo, en "El enigma del arte" (2008), César Lorenzano, recupera la consideración de los lenguajes propios del arte en la forma de estructuras que evolucionan a lo largo del tiempo; es decir: los estilos, un fenómeno difícilmente subsumible bajo los esquemas piagetianos ortodoxos. El estudio surge motivado por el deseo de explicar el fenómeno de las técnicas de dibujo automático del surrealismo pictórico. La exteriorización a partir de la que surgía el trazo en el surrealismo pictórico sólo puede pensarse, desde una teoría psicológica, considerando un psiquismo formado por acciones interiorizadas; en esta línea se inscriben las reflexiones realizadas de Piaget.

De manera particular y lo que hace al propio campo artístico que incluye el valor de la obra de arte en sí, Paula Beaulieu, en "Producción editorial escénica, musical y visual" (2010),indaga sobre el Impacto de la cultura en la economía cordobesa e identificación de las cadenas de valor que integran el factor cultural cordobés, expone su estudio realizado a fines del año 2006. En cuya investigación participaron funcionarios del área de Cultura de la Municipalidad de Córdoba. El trabajo presenta las formas en que artistas y creadores intervienen en la cadena de valor que da lugar al desarrollo y crecimiento de la ciudad de Córdoba.

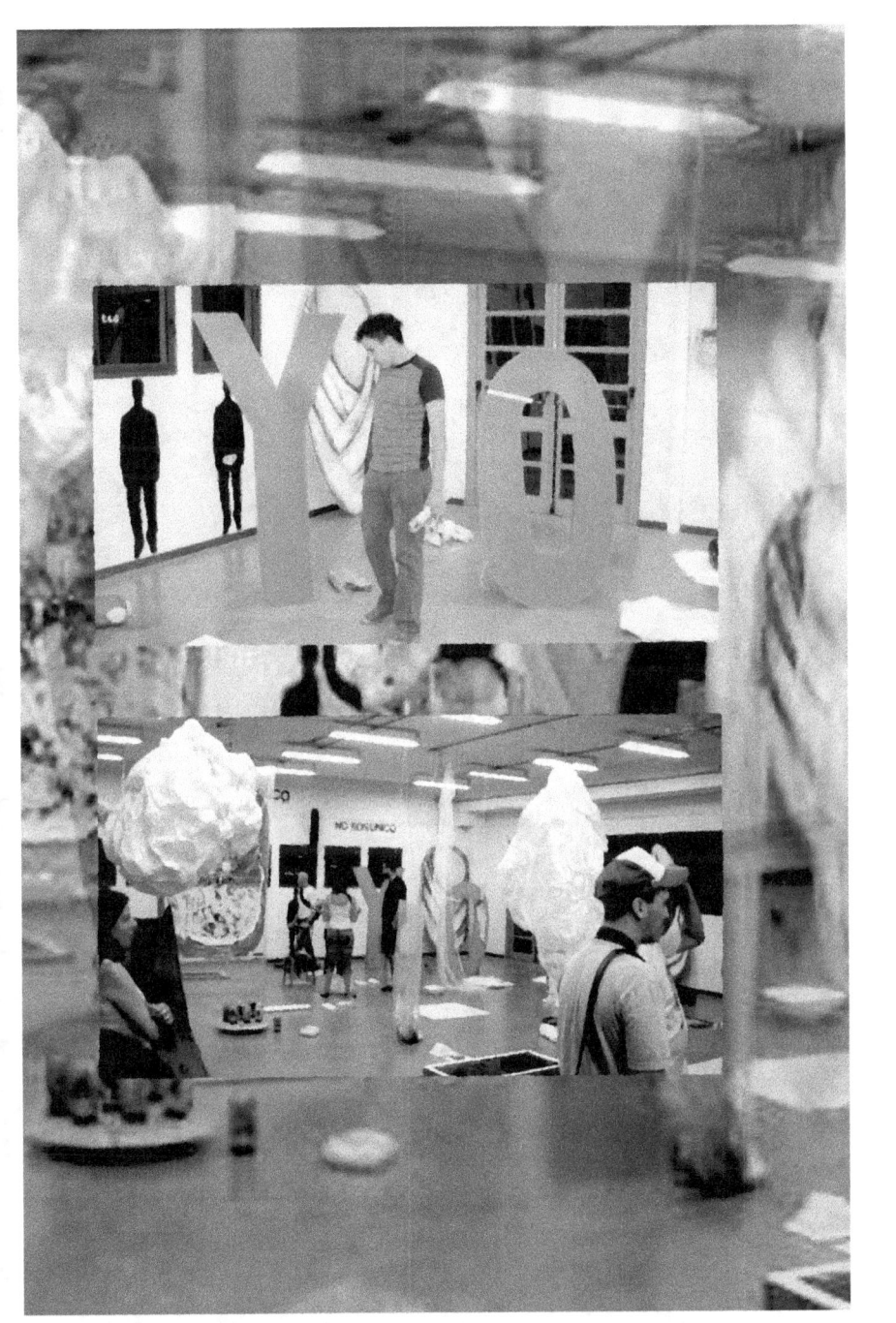

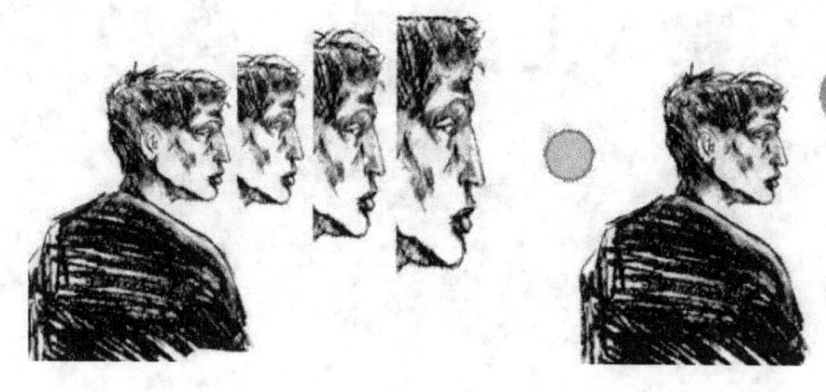

Capítulo I

El despliegue de lo inútil del deseo en el campo artístico. Sobre el sujeto-autor: el artista y su proceso creador

> Ojalá pudiera vivir solamente en éxtasis, haciendo el cuerpo del poema con mi cuerpo, rescatando cada frase con mis días y con mis semanas, infundiéndole al poema mi soplo a medida que cada letra de cada palabra haya sido sacrificada en las ceremonias del vivir.
>
> Alejandra Pizarnik

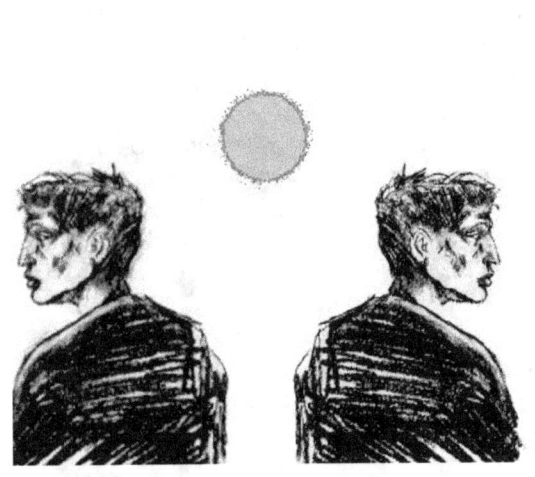
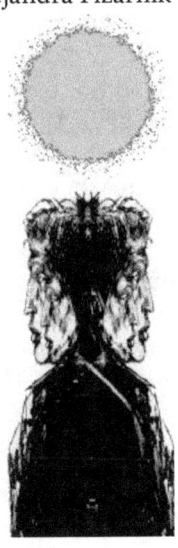

 En un primer momento, el hombre debió aprender a generar las palabras frente a la necesidad de transformar la naturaleza, se vio forzado a hablar (o lo que es igual: a sublimar) abandonando de esta forma su condición meramente biológica para dar comienzo a la civilización y la producción cultural.

Aproximarnos a la creación en el campo artístico (incluyendo no solamente al artista en su definición como tal, sino también al creador como categoría más extensa) es indagar acerca de lo que el sujeto produce, de lo perdido y lo descubierto a través de la obra.

Para emprender un acercamiento a la noción de artista y su relación con el acto creativo que deviene en obra, se tenderá aquí un lazo significativo con la obra foucaultiana. Se empleará, en cuanto sea pertinente, la figura del autor como constitutiva de la categoría 'artista' en la historia de la ideas en el campo del arte; y además, de la categoría de 'obra' como concepto amplio para comprender mejor la obra de arte (aún en el campo de las artes visuales).

A modo de acercamiento a este tópico, se recuperará aquí el aporte de Michel Foucault sobre la figura del autor. Según Foucault (1969), la noción de autor constituye un momento de fuerte individuación en la historia de las ideas, el conocimiento, las literaturas, la filosofía y aun las ciencias. Incluso hoy, al recuperar la historia de un concepto, un género literario o filosofía, se otorga un lugar primordial al análisis del autor y su relación con la obra.

En este trabajo no se emprenderá un análisis histórico-sociológico de las categorías de autor o artista: cómo ha sido individualizado en una cultura como la nuestra, qué estatutos se le otorgaron, en qué momentos comenzaron a hacerse investigaciones de autenticidad y atribución, qué sistemas de valorización lo constriñeron históricamente, en qué momento se dejó de contar la vida de héroes para contar la de autores, cómo fue el proceso de instauración de categorías como "el hombre y la obra", etc. Todo esto merecería ser analizado en profundidad pero no consideramos que esas reflexiones entren en el marco de nuestra investigación. No obstante, aún sin entrar en consideraciones históricas ni sociológicas, el hecho mismo de indagar acerca del autor y su obra despierta toda una serie de preguntas acerca de la relación única del texto con su autor, la forma como un texto apunta hacia esa figura que le es exterior y anterior (al menos en apariencia).

En tanto huella y marca que posibilita la letra como dibujo y comunicación, para el psicoanálisis la escritura deviene obra. Sobre esta base se considerará que, así como la categoría 'autor' ayuda a develar más fácilmente la categoría 'artista', lo mismo sucede entre 'escritura' e 'imagen'"trazo", (entendida esta como narrativa visual, que hace huella en la subjetividad').

Conviene subrayar en este punto que los principios éticos que caracterizan la sociedad contemporánea se vuelven explícitos en la escritura contemporánea. Este hacer de la escritura no representa tanto un rasgo de la manera en que se habla o se escribe sino una especie de regla inmanente, retomada sin cesar pero nunca aplicada completamente; es decir: un principio que no marca la escritura como resultado sino como práctica subjetiva.

Puede decirse, en primer lugar, que la escritura de esta época se ha liberado en gran medida del tema de la expresión: sólo se refiere acerca de ella misma. No obstante, no está atrapada en la forma de la interioridad; por el contrario: se identifica con su propia exterioridad desplegada, es decir, con su propia práctica. Esto significa que actualmente lo visual es un juego de signos ordenados no tanto por su contenido/significado sino por la naturaleza misma de su significante. Significa también que esta característica de la escritura/trazo se experimenta siempre como desafío de sus propios límites: una propuesta de transgresión e inversión aun cuando juega con aceptar los bordes. La escritura, se puede afirmar, se despliega como un juego que infaliblemente se dirige más allá de sus reglas; por eso mismo las trasciende. En la escritura no se trata de la manifestación o la exaltación del gesto de escribir per se ni se trata de la sujeción de un sujeto a un lenguaje. Se trata de la apertura de un espacio en donde el sujeto que escribe no deja de desaparecer.

Un segundo aspecto es todavía más familiar. Se trata del parentesco de la escritura con la muerte. Actualmente este lazo trastoca y redefine un tema milenario. Las narraciones, imágenes y epopeyas de los griegos estaban destinadas a perpetuar la inmortalidad del héroe. Si el héroe aceptaba morir joven era para que su vida, consagrada y magnificada en la muerte por su acto, pasara a la inmortalidad. Nuestra cultura ha alterado significativamente el intento primitivo de conjurar la muerte a través de la obra que era el medio a través del cual el creador alcanzaba inmortalidad teniendo así el derecho de matar a su autor. La desaparición voluntaria del autor no necesita ser representada en los libros o imágenes ya que se realiza en la existencia misma de su autoría. Pero hay algo más: esta relación de la escritura/trazo, con la muerte se manifiesta también en la desaparición de los caracteres individuales del sujeto escritor. Hace ya tiempo que la crítica y la filosofía han tomado nota de esta desaparición/ muerte del autor. Mediante una variedad de complejos ardides establecidos entre el autor y la obra, el sujeto desvía los signos de su individualidad particular. La marca de su autoría ya no es más que la singularidad de su ausencia, es decir de su muerte.

Sin embargo, dice M. Foucault (1969),retomando este lazo con la escritura y su autoría que, no se han sacado rigurosamente todas las consecuencias requeridas por esta constatación ni se ha tomado con exactitud la medida y trascendencia de este acontecimiento. Más precisamente, Foucault afirma que existen actualmente un cierto número de nociones destinadas a sustituir y preservar los privilegios del autor, suprimiendo en el proceso el significado real y las connotaciones de su desaparición.

Se recuperarán aquí sólo dos de las nociones foucaultianas sobre la figura del autor, aquellas que aparecen como más relevantes en las discusiones actuales.

En primer lugar, la noción de obra: el análisis de su estructura, su arquitectura, forma intrínseca y juego de sus relaciones internas. ¿Qué es una obra? ¿Qué es, pues, esa curiosa unidad que se designa con el nombre de 'obra'? ¿De qué elementos está compuesta? ¿Es aquello que escribe un 'autor'? En este punto se ven ya surgir las dificultades. Si un individuo no fuera un autor, ¿podría decirse que sus afirmaciones o notas, toda palabra suya que pueda reconstruirse, deberían ser llamadas 'obra'? ¿Acaso todo lo que escribió o dijo, todo lo que dejó tras de sí, forma parte de su obra? Esto suscita un problema a la vez teórico y técnico. Cuando se emprende la publicación de las obras de Nietzsche – se pregunta Foucault– ¿en qué lugar debe detenerse la edición? Se debe publicar todo, ciertamente, pero ¿qué se quiere decir con "todo"? ¿Todo lo que el propio Nietzsche publicó? ¿Los borradores de sus obras?¿Los proyectos de aforismos? ¿También los tachones, las notas al pie en los cuadernos? Pero cuando en el interior de un cuaderno lleno de aforismos se encuentra una referencia externa, la indicación de una cita, una dirección postal o una cuenta de la lavandería, ¿eso debe o no considerarse como 'obra'? ¿Por qué? ¿Cómo emprender una tarea de recorte editorial eligiendo sin vacilación entre los millones de huellas que cada ser deja al morir? La noción de obra despierta, como es evidente, una serie de preguntas que vuelven ineficiente la voluntad de prescindir del autor para dedicarse puramente al estudio de la obra. Ya no existe una teoría acabada, unívoca y definitiva de la obra; aquellos que ignoran esto, ven rápidamente paralizado todo acercamiento crítico. Analizar en profundidad el concepto de 'obra' es probablemente tan problemático como intentar definir las características del 'autor'.

La segunda noción que conviene recuperar tiene que ver con la ya mencionada ilusión de presencia del autor en los debates contemporáneos; con sutileza se bloquea la constatación de la desaparición del autor, reteniendo de muchas formas su existencia (al menos simbólica). Se trata de la noción de escritura, trazo o dibujo. Aplicada rigurosamente, debería permitir no sólo prescindir de la referencia al autor sino darle estatuto a su nueva ausencia. Dice Foucault: «En el estatuto que actualmente se le da a la noción de escritura o trazo no se trata en efecto ni del gesto de escribir ni de la marca (síntoma o signo) de lo que alguien hubiese querido decir; hay un esfuerzo extraordinariamente profundo por pensar la condición general de todo texto, la condición a la vez del espacio en donde se dispersa y del tiempo en donde se despliega» (1969: p 3-5). Con esto se quiere decir, que la obra se completa sólo a través del acto de la mirada del espectador/lector.

Acerca de la sublimación

La categoría foucaultiana del 'autor' sirve como clave de acercamiento para una mejor comprensión de la figura del artista. El autor/artista despliega en acto una serie de elementos que manifiestan su identidad como sujeto y sus estructuras disposicionales; es decir: aquello que emerge del registro de lo real y lo engendra. Esta indagación del artista conlleva un proceso de sublimación pero no como sexualización de pulsiones sexuales, sino: de elección de un objeto amoroso, convertidas en un bien útil sino como mecanismo que revela lo inútil del goce, la pérdida del objeto (Nasio: 2001).

Toda reflexión acerca de la sublimación debería plantearse, antes que nada, desde qué categorías se define y cuál es su status de validación en la teoría psicoanalítica. Por la ambigüedad con que suele ser abordada en los textos académicos la relación entre las prácticas artísticas y la sublimación, se corre el riesgo de ver en los mecanismos sublimatorios nada más que un simple enfoque de la pulsión y no, como lo señala Menassa (1987), un dispositivo fundamental en la creación de la civilización.

En el mecanismo de la sublimación, el sujeto utiliza la libido (sustraída del objeto amoroso) y la convierte en libido narcisista, energía del yo. El narcisismo es absolutamente necesario ya que de él parten las energías de la sublimación. A través de este dispositivo de desvío, la libido se traslada del individuo a lo social, se convierte en producto destinado a alguien o algo realmente desconocido. El amor también está implicado en la sublimación. Amar es, según Lacan, dar lo que no se tiene a quien no es. La sublimación es el mecanismo psíquico en el cual se asienta la producción de la civilización.

La humanidad tuvo que aprender a generar las palabras frente a la necesidad de transformar la naturaleza. El hombre se vio forzado a hablar, es decir, a sublimar abandonando su condición mera-

mente biológica para dar comienzo a la civilización y la producción cultural. Es así como en la estructura psíquica el propio yo participa de la creación de la historia y la producción social. La energía empleada en el proceso es energía inútil, invertida en amor propio. Sólo se pierde aquello que proveía una ilusión de utilidad (Menassa: 1987).

La escuela kleiniana toma el concepto de sublimación desde una función de restitución, proponiéndolo como reparación simbólica de las lesiones imaginarias introducidas en la imagen fundamental del cuerpo materno. Según esta línea, en primer lugar la sublimación debe ser delimitada y diferenciada de la idealización. Este es un proceso que involucra al objeto y en virtud del cual éste es engrandecido y exaltado psíquicamente sin que, por eso, cambie su naturaleza.

Para Freud, la sublimación queda totalmente fuera de ideal del yo; por este motivo, permanece al margen de cualquier asimilación imaginaria de algo que se pretenda reconocer como "soberano bien". En Freud, la sublimación plantea una nueva orientación de la pulsión hacia un objeto sexual. Además, Freud pensaba que la sublimación completa era posible sólo en algunas personas particularmente refinadas o cultas.

Por el contrario, Lacan sostenía que la sublimación completa no es posible para el sujeto. No obstante, es en el dominio de la creación artística y fundamentalmente en el arte literario donde la poesía es puesta en el centro mismo de la sublimación.

Lacan retoma el concepto de sublimación en el Seminario de Ética y Psicoanálisis de 1960 (1988). En él sigue a Freud cuando subraya la importancia del reconocimiento social. Puede decirse que las pulsiones han sido sublimadas en la medida en que se han desviado hacia objetos socialmente valorados. Esta dimensión de los valores sociales compartidos es la que permite ligar el concepto de sublimación con el estudio de la Ética. La sublimación en Lacan reubica un objeto en la posición de la Cosa, eleva un objeto a la dignidad de la Cosa. Y "la Cosa" está definida como algo externo/extranjero, asimilada a lo interno y caracterizada por su imposibilidad de ser tomada por el imaginario[2]. Para Lacan, en la sublimación lo que cambia no es el objeto sino su posición en la estructura del fantasma[3]. La cualidad de un objeto no se debe entonces a alguna propiedad intrínseca del objeto mismo. Es nada más que efecto de la posición del objeto en la estructura simbólica del fantasma.

La pulsión rodea al objeto, constituyéndose éste en causa misma del deseo. Precisamente allí, en ese aspecto íntimo y ajeno, en ese vacío interior, se establece un vínculo directo con el surgimiento del significante alrededor del cual, una y otra vez, el sujeto crea y se constituye como tal. Por el camino del encuentro entre el objeto estructurado en la relación narcisista (o sea, imaginaria) y el otro objeto que llega a constituirse como ausente sólo con la aparición de un sustituto, el otro objeto queda designado como figura del primero ya que aporta una imagen que sostiene y cubre la ausencia del objeto perdido. Entre estos dos objetos, en la pendiente de esa diferencia entre ambos, se constituye la sublimación (Lacan: 2003a).

En el conflictivo espacio de las estructuras disposicionales del sujeto se generan las condiciones de posibilidad de creación que pueden ha-cer surgir algo a partir de la nada: la generación de un nuevo significan-te. Lo creado reconoce en su belleza la transmutación realizada por la función sublimatoria. Sólo en esta instancia se revelan el lugar y la im-portancia del reconocimiento social, un factor que tanto en Freud co-mo en Lacan representó un elemento fundamental del concepto aquí analizado.

Los caminos sublimatorios son múltiples: arte, ciencia, religión, etc. Lo importante es subrayar que el acto sublimatorio es capaz de crear, en el propio vacío, un objeto capaz de trasformar lo siniestro y controlar la amenaza que la presencia de lo real supone en el sujeto.

2. En relación con el imaginario, y a diferencia de Freud, Lacan caracteriza su propio recorrido por el privilegio sucesivamente acordado en su investigación a lo imaginario, lo simbólico y lo real. La elaboración lacaniana de una categoría de lo imaginario sanciona un desarrollo que progresa en tres fases, inaugurado por la definición del estadio del espejo, continuado con la interpretación del fantasma en su dependencia de un corte de la cadena significante e inscripto finalmente en la concepción de una tópica borromea que sitúa lo real en el estatuto de lo imposible.

3. El concepto de fantasma designa la vida imaginaria del sujeto y el modo en que este se representa a sí mismo en su historia o la historia de sus orígenes: se habla entonces de fantasma originario. En francés, la palabra fantasme fue creada por los primeros traductores de la obra freudiana con un sentido técnico no relacionado con la palabra fantaisie. Deriva del griego phantasma ('aparición'; en latín se convirtió en 'fantasma') y del adjetivo fantasmatique, en otro tiempo cercano por su significación afantomatique ('fantástico').

La creencia en el valor del arte y en el poder del artista de crear valor

El despliegue de lo inútil del deseo... es allí que subyace la belleza de lo creado: acechanza y perfección de lo siniestro, lugar donde la construcción de la obra del autor/artista alcanza la dimensión de un goce que busca recuperar, al menos ilusoriamente, el goce original perdido.

En su poema 1071, Emily Dickinson proponía que la percepción de un objeto cuesta la exacta pérdida del objeto mismo. La percepción es una ganancia que responde a su precio. El objeto absoluto no existe; necesita de la percepción para obtener sus características (que, en ese proceso de reconocimiento, ya opera un proceso de alejamiento del objeto). No se trata sólo de percibir empíricamente sino de destruir aquello que Walter Benjamin llamaba «el fetiche del nombre del amo» (1989): aquello que impide la explicación de lo sagrado del arte. Vale la pena dejar constancia del funcionamiento fetichista que existe tras el nombre de maestro, así como también describir las condiciones sociales de posibilidad del personaje del artista en tanto maestro o, lo que es igual, en tanto productor del fetiche que es la obra de arte (Bourdieu: 1996).

Se sigue aquí un postulado metodológico de Bourdieu (1992): el sujeto de la producción artística no es el artista sino un conjunto de agentes que tienen que ver con el arte y el goce, que viven del y para el arte. Agentes de campo celebres y celebrados que participan de la satisfacción producida por el conocimiento de aquello que despierta la obra. Estos mecanismos de análisis ayudan a develar cómo se fue constituyendo históricamente el campo de producción del artista y cómo se fue legitimando la creencia en el valor del arte y el poder creador del artista.

Aparece en el sujeto artista un rasgo singular que remite a la posibilidad de crear una obra considerada artística.

Pichon-Rivière (2008) explica el proceso creador del artista y el papel que juega en el conjunto de lo social:

> «*El artista, como toda persona de nuestro tiempo, tiene que abordar los problemas que se le plantean a cualquiera de sus semejantes, pero con la diferencia de que él se anticipa y como ser anticipado se le adjudican las características de un "agente de cambio", situación que favorece el desplazamiento sobre él de todos los resentimientos, fracasos, miedos, sentimientos de soledad e incertidumbre de los demás, como si él fuera el portavoz de todo lo subyacente aún no emergido. Automáticamente es elegido como un chivo emisario, como perturbador de una tranquilidad anterior. El artista entonces, tanto el plástico como el poeta, es un ser en anticipación que es víctima de verdaderas conspiraciones organizadas contra el cambio, contra lo nuevo, contra lo inédito*» (Pichon-Rivière: 2008: 25).

El artista establece un vínculo entre su yo y el objeto artístico. Si logra trascender es porque su mensaje, plasmado en la obra, representa la construcción de un mundo que es al mismo tiempo suyo y de todos. «Lo importante es que todo este proceso –proceso creador, subrayamos– da como resultado la aparición de un objeto externo y capaz de ser contemplado por los demás, que provoca una vivencia estética» (Pichon-Rivière: 2008: 26). El artista, propone también Pichon-Rivière, descubre en el acto que implica la obra de arte un camino para superar su soledad y sufrimiento. De esta forma, puede trascender en la obra aquello que amenazaba con paralizarlo.

Por su parte, Silvia Bleichmar (2009) propone un análisis de la subjetividad y la influencia que tienen en ella los diferentes modos históricos de representación a través de los cuales cada sociedad determina lo necesario para la conformación de sujetos aptos en relación con otros. Pensar este tópico representa una gran complejidad ya que la subjetividad se construye a partir de una pluralidad de causalidades simultáneas.

En la producción de subjetividad existe un componente fuerte de socialización. Este elemento ha implicado, a lo largo de la historia de la humanidad, diversos procesos de regulación de las subjetividades a través de centros de poder que han ido definiendo el tipo de individuo necesario para conservar el sistema y conservarse a sí mismos. En este contexto, la subjetividad del artista no se encuentra exenta de exigencias propias de este tipo de sistemas. Dice Bleichmar acerca de la producción de subjetividad:

> «[...] *concebida ésta en sus formas históricas, regula los destinos del deseo en virtud de articular, del lado del yo, los enunciados que posibilitan aquello que la sociedad considera "sintónico" consigo misma. Las formas de la moral, las modalidades discursivas con las cuales se organiza la realidad, que no es sólo articulada por el código de la lengua sino por las coagulaciones de sentido que cada sociedad instituye: negro y blanco no son sólo significantes en oposición dentro de una lógica binaria sino modos de jerarquización y valoración que impregnan múltiples formas de organización de la realidad*» (Bleichmar: 2009: 96).

En esta época es más difícil que nunca comprender al hombre de la cultura occidental fuera de las antinomias que constituyen sus relaciones con la naturaleza y la sociedad. Fuera de ellas no se puede comprender ni la angustia expresada en el sentimiento de una transgresión prometeica frente a las condiciones de su vida ni las concepciones más elevadas en las que supera su angustia (reconociendo que se crea a sí mismo y a sus objetos a través de las crisis dialécticas).

En este marco se vuelve fundamental dirigir la atención a la formación familiar. Lacan señala que el movimiento subversivo y crítico a través del cual se realiza el hombre encuentra su germen más activo en tres condiciones de la familia conyugal: el complejo de destete, el complejo de intrusión y el complejo de Edipo. No se entrará en profundidad en estos temas pero sí se señalará que el análisis de estos complejos, particularmente el complejo del destete, colaboran en la tarea de explicitar mecanismos de funcionamiento de la familia y, en consecuencia, del desarrollo psíquico del sujeto permitiendo diferenciar lo instintivo de lo cultural.

A fin de encarnar la autoridad en la generación más cercana, construyendo de esta manera una figura cohesionada, la familia conyugal ubica la autoridad al alcance inmediato de la subversión creadora. Es posible comprobar esto, de la forma más sencilla, observando las inversiones que imagina el niño en el orden de las generaciones: su persona reemplaza en ellas a su padre o abuelo. Por otra parte, el psiquismo se constituye tanto a través de la imagen del adulto como contra su coacción. Este efecto opera mediante la transmisión del ideal del yo y se traspasa, generalmente, de padre a hijo. Comporta una selección positiva de tendencias y dones, una realización progresiva del ideal en el carácter individual. Las familias compuestas por hombres eminentes se originan en ese proceso psicológico, no en una supuesta herencia que se debería reconocer en capacidades esenciales.

> «El complejo de la familia conyugal crea los logros superiores del carácter, de la felicidad y de la creación, para realizar en la forma más humana el conflicto del hombre con su angustia más arcaica, para ofrecerle el recinto más leal en el que le sea posible confrontarse con los rigores más profundos de su destino, para poner al alcance de su existencia individual el triunfo más completo contra su servidumbre original» (Lacan: 2003b: 91).

Lacan reflexionó acerca de la estructura cultural de la familia humana y sostuvo que ella introduce una nueva dimensión en la realidad social y la vida psíquica de los sujetos. La familia gobierna los procesos fundamentales del desarrollo del psiquismo y la organización de las emociones de acuerdo con tipos condicionados del entorno que constituye la base de los sentimientos. A través de estos mecanismos, la familia transmite estructuras de conducta y representación que desbordan los límites de la consciencia.

La familia se encontraría en el orden original de realidad que constituyen las relaciones sociales. Cuando se trata de hechos de familia como objeto y circunstancia psíquica, nunca se objetivan instintos sino siempre complejos. Esto está relacionado con su condicionamiento por factores culturales, en detrimento de los factores naturales. Los complejos desempeñan un papel de organizadores en el desarrollo psíquico. Algunos elementos que definen al complejo son su reproducción de una realidad del ambiente y su constante referencia al objeto. Por sobre todo, el elemento fundamental del complejo es una representación inconsciente; a esta representación se la designa con el término imago.

El complejo del destete, por ejemplo, fija en el psiquismo la relación con la cría. El amamantamiento representa la forma primordial de la imago materna dando lugar a los sentimientos más arcaicos y estables que unen al individuo con la familia. Tal es la importancia del complejo del destete que deja en el psiquismo la huella permanente de la relación biológica interrumpida. Representa la primera crisis del psiquismo. La tensión vital del sujeto se resuelve en una intención mental a través de la cual el destete es aceptado o rechazado. A partir de esta encrucijada dialéctica queda determinada una relación esencialmente ambivalente que se resolverá en el desarrollo posterior a través de diferenciaciones psíquicas.

En el hombre, el complejo del destete (y no solamente este) se encuentra condicionado completamente por la regulación cultural. El complejo sólo eventualmente tiene una relación orgánica; la insuficiencia vital es reemplazada sistemáticamente a través de la regulación de una función social. Hegel, a principios del siglo XIX, señaló que el individuo que no lucha por ser reconocido fuera del grupo familiar nunca alcanza, antes de la muerte, la personalidad. La relación orgánica perdida en el complejo del destete evoca áreas muy profundas del psiquismo; esto explica la dificultad que acompaña a su sublimación, como se comprueba en el apego del niño a las faldas de su madre o la duración anacrónica de ese vínculo. La imago debe ser sublimada para que se introduzcan nuevas relaciones con el grupo social, situación necesaria para el progreso de la personalidad.

La saturación del complejo funda el sentimiento materno. Su sublimación contribuye al sentimiento familiar. Su liquidación nunca es invisible; siempre deja huellas a través de las cuales es posible reconocerlo. Esta estructura de la imago permanece en la base de los procesos mentales que la han modificado. Si fuese posible explicarlo de forma abstracta, se podría definírselo como una utopía de la fusión afectiva a modo de armonía universal.

El complejo del destete no es, por supuesto, el único que enfrenta el sujeto en su maduración. Otros complejos se manifestarán e irán colaborando con la constitución psíquica del individuo. Lo importante a resaltar aquí es que la vinculación del artista con el valor del objeto en cuestión está mediatizada por el vínculo inicial que se establece en la estructura familiar (de forma específica con la madre a través del complejo del destete).

Entre el arte y el oficio: alcances de una familiaridad

La mayoría de los artistas profesionales inician su aprendizaje siendo muy jóvenes mientras que la mayoría de los artistas autodidactas o 'artistas primitivos' (se toma esa categoría de Berger: 2005) empiezan a pintar o esculpir cuando son adultos o ancianos. El arte se ve afectado considerablemente por la experiencia profesional; su gestación suele ser resultado de la profundidad o intensidad de esa experiencia. Por otra parte, las producciones artísticas de los artistas primitivos son consideradas ingenuas, carente de experiencia. Vale la pena recordar que la categoría de 'artista profesional' (diferenciada de la categoría de 'maestro artesano') no estuvo muy clara hasta el siglo XVII.

En principio, es muy difícil marcar una distinción entre profesión, arte y oficio manual. John Berger (2005) señala que el artista profesional se convierte en tal a partir del aprendizaje de una serie de técnicas convencionales: composición, dibujo, perspectiva, claroscuro, anatomía, poses simbólicas. La relación de este aprendizaje con ciertas formas sociales de clase suelen ser considerada, más que algo puramente convencional, como una verdad eterna.

Lo primitivo, a partir de la renovación formal y conceptual que efectúa el arte abstracto desde comienzos del siglo XX, se aprendía con las mismas convenciones que serían desmanteladas luego ya que no existía otro campo de conocimiento profesional que pudiera ser enseñado. Los mecanismos a través de los cuales se articulan relaciones de poder en el campo estético se prestan a convertirse también en emblemas del poder económico.

Tanto la escuela primaria obligatoria (que usa papel, lápiz y tinta como instrumento de trabajo) como la difusión del periodismo popular y la nueva movilidad geográfica propuesta por la revolución industrial, estimulan la conciencia de clase que hace posible la existencia de artistas profesionales y bohemios que ayudan a convertir al arte en algo que atraviesa cualquier clase social.

El artista primitivo comenzó solo, sin herencia ni práctica. No utiliza la gramática pictórica de la tradición ni ha incorporado las técnicas que han llegado a convertirse en convenciones. Por ese motivo es torpe y hasta ingenuo. Al descubrir un recurso suele utilizarlo una y otra vez sin culpa, casi intuyendo de antemano que su experiencia no puede competir en el circuito legitimado de poder de la tradición estética. Tiene fe en su propia experiencia y goza de un profundo escepticismo al respecto de la sociedad. Grandma Moses, una de las representantes más destacadas del arte naíf y folclórico norteamericano, afirmó en este sentido que sus obras de arte no podrían haber sido realizadas mediante técnicas convencionales o estandarizadas ya que el sistema cultural clasista nunca tuvo interés en la pluralidad y multiformidad de todo lo decible.

Hasta hace no mucho tiempo, las historias personales, refranes, fábulas y parábolas sostenían de forma bastante general ideas similares: la lucha perenne, atroz y hermosa de vivir con la necesidad que representa el enigma de la existencia. La creación artística ha agudizado el espíritu humano a la tragedia y la comedia a lo largo del tiempo. No obstante, en la actualidad el énfasis no está puesto en la transmisión de experiencias sino, más bien, en el espectáculo mismo: un juego en el que nadie juega y todos desean mirar.

En el panorama del arte contemporáneo, saturado de obras, propuestas y con una tradición para nada unívoca ni acabada, cada productor de contenidos se encuentra en una batalla ardua contra todo el sistema. Debe hacerse un espacio con la ayuda de su propia existencia, experiencias y sufrimientos, en el tiempo. Hacer algo único, como sugiere Berger (2004) no es hacer algo necesariamente agradable.

Parafraseando a Berger (2004), la historia de la pintura suele presentarse como una sucesión de estilos. Los promotores de arte utilizan esta batalla entre estilos para crear rótulos que permitan una ubicación más sencilla en el mercado. Se compran rótulos, no obras. Pero el arte pictórico intenta ser más que un mero objeto comercializable. Toda imagen pintada anuncia un algo desde los ojos de un alguien. La pintura es, en primer lugar, una afirmación de aquello visible que está en continua aparición y desaparición. Si lo visible no desapareciera jamás quizás no existiría el impulso de pintar; lo visible poseería la permanencia que la pintura intenta encontrar.

En el arte rupestre, por ejemplo, el hombre se enfrentaba a lo existente de maneras diferentes cuando pintaba y cuando cazaba. No obstante es posible ver, en las pinturas de las cavernas, una relación mágica entre ambas acciones. Este ejemplo sugiere que, tanto en el caso de un pintor primitivo como de un pintor profesional, cuando la pintura carece de vitalidad esto se debe a la dificultad que enfrenta el artista a la hora de iniciar un acercamiento de colaboración y encuentro con su modelo. Ha preferido mantener la distancia y brindar nada más que una copia. El impulso de pintar no procede necesariamente de la observación ni tampoco del alma sino del encuentro creativo entre un pintor y su modelo (sea cual fuese el mismo).

Este proceso donde juegan la mirada y el ser visto por otro ilumina la imagen a través de la experiencia vivida del propio artista.

Las narrativas que dan cuenta de sí al artista a través de su arte, que le permiten producir discursos extensivos e intensivos, singulares y colectivos en sus propias prácticas, reconstruyen la idea del arte para el arte, el arte como imitación, vivencia y también exploración empírica.

La visión no es la mirada

«La visión no es la mirada», afirma John Berger (2010). Ver significa contemplar el mundo; mirar significa fijar la vista en un detalle o aspecto particular de aquello que se mira. Pero hay algo más en este concepto que excede las definiciones. Tanto la teoría fisiológica como la oftalmológica consideran fundamental que la vista esté excluida del espacio de la sesión analítica para que la mirada tenga la mayor potencia.

Es preciso, entonces, hacer dos distinciones:

a. Por un lado, entre mirada y visión, agregando un tercer elemento a estos dos: la fascinación.
b. Por otro lado, entre dos sentidos usualmente confundidos y superpuestos del término "mirada":
•Primer sentido: la mirada en tanto acto perceptivo de mirar. Es el tipo de definición en que se basan expresiones como 'captar una mirada' o 'echar una mirada'. Este sentido contempla un movimiento activo, una acción o acto.
•Segundo sentido: la mirada en tanto satisfacción del acto. Es el sentido de frases como: 'miradas expresivas', 'miradas que hablan'. La mirada ya no es acción sino peso tensional y subjetivo. La satisfacción que está implicada en el acto de mirar.

La mirada en tanto que acto es descripta desde la metapsicología como acción pulsional. La mirada en tanto satisfacción del acto remite a la idea de una energía: la energía y la tensión de ese acto. Esa energía se va perdiendo a medida que el acto se despliega. No sólo se disipa sino que, además, es causa misma del acto. Esta acepción del concepto de mirada como satisfacción producida y productora del acto será denominada –siguiendo a Lacan– goce-objeto (Nasio: 2001).

El acto de mirar sucede únicamente bajo ciertas condiciones muy específicas. No puede haber goce ni acto de mirar, no puede haber despliegue ni conclusión de la mirada sin lo que se conoce como condiciones de la visión. La visión es el contexto en el que emerge y se desarrolla la mirada. Es precisamente en el campo global de la visión –formado por imágenes– en el que surgirá la mirada en un momento particular: el momento de la fascinación.

Para el psicoanálisis, el mundo no existe como cosa en sí sino que está compuesto por imágenes. No son los ojos quienes ven el mundo sino que el encargado de la percepción es el yo. Estas imágenes, una vez inscriptas en el yo, se convertirán en la sustancia del yo. Esto significa que entre el yo y el mundo se extiende una dimensión única y continua, sin partición, que se denomina 'dimensión imaginaria'.

La visión se liga –psicoanalíticamente– con la percepción de imágenes que realiza un ser imaginario (el yo) alienado en lo imaginario. Pero las imágenes captadas por el yo no son todas equivalentes. El yo no acoge ni percibe todas las imágenes sino que percibe sólo aquellas en las que se reconoce: imágenes pregnantes que, de lejos o de cerca, reflejan esencialmente lo que él es. 'Pregnantes' son todas aquellas formas que adquieren sentido para el yo. 'Sentido' es entendido aquí como el ajuste del yo a la imagen del objeto, el reconocimiento en la imagen del objeto de algo que está ligado a la historia personal, las impresiones y sensaciones. Dentro del psicoanálisis, 'sentido' se resume en uno sólo: el sexual.

La pregnancia es entonces una de las tantas formas que adopta la mirada cuando una forma imaginaria provoca cierto placer en el espectador, llevándolo a ajustarse a ella y, sobre todo, a reconocerse en ella. Este reconocimiento del yo en esas imágenes pregnantes será, en última instancia, un reconocimiento del yo en tanto ser sexual. El reconocimiento no tiene que ver con percibir un objeto como igual al yo sino en que ese objeto cobra un sentido ligado al yo.

El sentido no es únicamente reconocerse, obtener placer o displacer, odio u amor en la relación con la imagen; el sentido también es medirse con una imagen esperada que está implícitamente determinada, referida al yo como objeto sexual. El yo no percibirá indistintamente cualquier imagen sino que seleccionará sólo aquellas en las que se reconoce, y al reconocerse tendrá el placer o el displacer de amarse u odiarse, es decir, de crear sentido.

En Lacan hay una diferencia muy precisa entre significación y sentido. La significación también es un efecto, es decir: algo que surge en un encuentro de elementos. La significación inconsciente en Lacan es sinónimo de sujeto del inconsciente; es el efecto que se produce cuando hay encuentro, ligazón, vínculo entre dos significantes. La significación es una cuestión fundamentalmente del terreno de lo simbólico. El sentido, por el contrario, es el efecto que surge en la relación del yo con la imagen y que se juega en el encuentro de dos sistemas: el imaginario y el simbólico. Lo simbólico está en el hecho de que a ese yo relacionado con la imagen, y para que ese reconocimiento del yo con la imagen pregnante pueda tener lugar, le hace falta estar inmerso en una estructura simbólica. Lo imaginario queda inmerso en el sentido de lo pregnante; requiere naturalmente una cierta enajenación estructural dado que lo designado como yo es formado a través de lo que es el otro, es decir: mediante la imagen que, en espejo, proviene del otro.

Ver es un proceso que va del yo a la imagen del objeto. Mirar, por el contrario, es un acto provocado por una imagen que viene del objeto hacia el yo, sin ser imagen de algo realmente visible y ni siquiera de la imagen pregnante de algo visible. Lacan explica estos conceptos utilizando una gramática metonímica. Ver inicia un proceso desde el yo hacia la imagen pregnante del mundo. Mirar comienza con una imagen especial, deslumbrante y confusa, casi un destello imperceptible. A diferencia de la visión, la mirada se despierta fuera del yo; es el resplandor intenso de una luz intermitente que no sólo atrae sino que confunde y disuelve el yo imaginario. El acto de mirar es un acto

inconsciente desencadenado por la pantalla reflejante del Otro (que, desde antes, ejerce sobre el yo la mirada). Tras la realización de la mirada, se desarrolla un movimiento cerrado sobre sí mismo, trazado no ya en lo imaginario del yo sino en las dimensiones simbólicas y reales de las pulsiones inconscientes.

Podría afirmarse que cuando el yo queda ciego en la consciencia, puede finalmente mirar desde el inconsciente. La mirada no se confunde con la visión pero hace falta la visión, incluso el extremo grado de la visión (el deslumbramiento) para poder finalmente dar cuenta de estar en presencia de la mirada (Nasio: 2001).

Del mismo modo que el inconsciente está en el lapsus, la mirada está en esa falla de la visión que se denomina 'fascinación'. La fascinación es el modo en que se actualiza y se manifiesta la emergencia de una mirada inconsciente. Todo el mundo imaginario desaparece el brillo fascinante de la imagen fálica queda expuesta directamente sin la cobertura habitual de las otras imágenes ordinariamente visibles. La experiencia de la fascinación es la experiencia de la confrontación con la imagen fálica, experiencia límite que se da en el límite de lo imaginario. La fascinación sería entonces un momento intermedio entre visión y mirada, entre la visión del yo y la mirada inconsciente.

Para Bourdieu, la mirada es concebida como mito por algunos más que otros, por nacimiento; esto hace que el arte contemporáneo sea inmediatamente accesible a los niños. Esta representación carismática es un producto histórico creado progresivamente a medida que se constituía el llamado 'campo artístico' y se inventaba el culto del artista (Bourdieu: 2012: 24).

En Las tres estéticas de Lacan (2006), Massimo Recalcati describe la propuesta lacaniana no como tres teorías completas acerca del arte sino más bien como tres tópicas posibles de la creación artística y su producto que insisten, de forma inédita, en poner el arte en una relación determinante con lo real. Vale la pena advertir que, para Lacan, no existe un interés estético separado del de la ética del psicoanálisis y su práctica. Pensar en las tres estéticas desde Lacan permite interrogar la práctica artística como práctica simbólica y así encontrar la dimensión irreductible de lo real en el sujeto. Recalcati enuncia las tres estéticas como:

> 1- Estética del vacío: el arte viene definido como una práctica simbólica orientada a tratar el exceso ingobernable de lo real. Pero el tratamiento estético de este exceso se diferencia del ético. Mientras en la ética está en juego la asunción subjetiva, en la estética se juega más bien la organización, la circunscripción, el borde y el velo de la Cosa. Lo estético pasa a través de la categoría freudiana de "sublimación". Siendo irreductible en sí, la Cosa sólo puede ser representada como "otra Cosa". Es aquí donde Lacan convoca a la sublimación como modalidad de diferenciación entre "de" y "desde".
> La condición de la sublimación es de hecho una toma de distancia de la Cosa. En la proximidad excesiva con la Cosa no hay obra de arte posible; el aire psíquico resulta irrespirable. No hay creación sino sólo destrucción de la obra. Sin relación con lo real de la Cosa, la obra pierde su fuerza pero, al mismo tiempo, una excesiva proximidad con la Cosa misma termina por destruir cualquier sentimiento estético.
> En la tesis del arte como organización del vacío, el arte exhibe una profunda afinidad con la experiencia del psicoanálisis ya que ambas resultan experiencias irreductibles tanto de la evasión del vacío (religión) como de la soldadura del vacío (ciencia). El problema no es indagar la obra de arte asimilándola a un síntoma –considerando la creación artística en su relación con el fantasma del artista–, sino tomar cosas que el arte puede enseñar al psicoanálisis sobre la naturaleza de su mismo objeto. «Una estética lacaniana no aplica el psicoanálisis al arte; más bien intenta pensar el arte como una enseñanza para el psicoanálisis» (Recalcati: 2006:

11).

El arte, señala Lacan, como la experiencia del psicoanálisis, no evita ni obtura pero sí bordea el vacío central de la Cosa. Concebir al arte como organización del vacío coloca a la obra de arte en una relación decisiva con lo real de la cosa e incita a preservar una distancia esencial entre la obra de arte y el vacío que ésta organiza y circunscribe. La estética del vacío es entonces una estética de lo real, una estética en relación con lo real, que no se degrada en un culto realístico de la cosa (como, sin embargo, sucede en gran parte del arte contemporáneo).

Si la obra de arte es una organización textual, una trama significante que manifiesta una particular densidad semántica, esta organización de la obra no es solamente una organización de significantes. Es más bien una organización significante de una alteridad radical, extrasignificante.

La Cosa tiene un carácter hermenéutico y una excentricidad irreductible al respecto de las imágenes y el significante. El rostro más escabroso de la Cosa es un vacío que deviene vértice, 'zona de incandescencia', abismo que aspira, exceso de goce, horror, caos terrorífico. En relación con esto, Massimo Recalcati (2006) afirmaba que la vida, para soportarse a sí misma, ha necesitado del arte. Sin embargo, la barrera de lo apolíneo (que da existencia a la forma) no implica una remoción del horror de lo dionisíaco (caos terrorífico). Lo bello, para preservar su fuerza estética, debe estar en relación con lo real. La belleza es un velo apolíneo que debe hacer presentir el caos dionisíaco que pulsa en ella. Lo bello, para Lacan, implica un acercamiento a la Cosa que, sin embargo, no elimina del todo la separación. No es la dimensión de una pura armonía formal pero es un modo de experimentar una distancia estética de lo real de la Cosa y, a la vez, es el índice del más allá absoluto que la Cosa constituye al respecto de los semblantes sociales.

La estética del vacío sustrae el objeto "renovado" del imperio mundano de la utilidad para indicar, a través del objeto pero mucho más allá de cualquier lógica utilitaria, el vacío central de la Cosa.

2- Estética anamórfica: El gran motivo de la estética anamórfica es, en efecto, la obra de arte como encuentro a través de la organización significante con lo real en tanto irreductible a tales organizaciones. Es una estética que no organiza lo real sino que tiene por finalidad hacer posible su encuentro; el arte no es ya convocado para bordear lo real sino para hacer posible justamente el encuentro con lo real mismo.

La pregunta 'qué cosa es un cuadro' contiene el sentido fundamental de la estética anamórfica ya que define ante todo un criterio estético para discriminar aquello que es arte de aquello que no lo es. La 'función cuadro' en Lacan precisa, efectivamente, la cuestión de fondo al respecto de la obra de arte: existe una sólo donde se pone en acto la función cuadro. Esta idea lacaniana se emancipa de cualquier sistema clasificatorio de las artes basado en las características materiales para indicar un criterio diferencial interno al arte como tal. Donde hay 'función cuadro', hay arte; donde está ausente, no.

¿Cómo se podría definir la 'función cuadro'? La obra de arte debe tener, para ser considerada como tal, la capacidad de producir un encuentro con lo real. Lacan hace referencia a un placer del ojo: ser atrapado por el cuadro en una experiencia estética de abandono y pacificación; es la deposición de la mirada. La función cuadro no proporciona una representación del sujeto sino más bien una representación del límite de sus posibilidades de representación. El poder del cuadro re-

vela en esta instancia su carácter más radical. Esto es lo que Lacan denomina 'función mancha', aquella que muestra al sujeto entregado a la mirada del Otro: una mirada que viene desde afuera y subvierte la idea clásica del sujeto como artífice de la representación. No es el sujeto quien mira sino el Otro quien mira al sujeto. Hay obra de arte cuando se produce un encuentro con la mancha, con aquello que agujerea el marco puramente representativo de la organización semántica de la obra.

La estética anamórfica impulsa a superar la estética del vacío. Para la estética del vacío, cuando la obra de arte organiza el vacío de la Cosa pone distancia de la zona incandescente de lo real. Para la estética anamórfica es la obra misma la que hace surgir lo real como exceso alojado en el corazón mismo de la obra. La estética del vacío circunscribe y sublima lo real mientras que la estética anamórfica lo provoca, lo hace surgir incluso en su localización esencial.

El problema reside en cómo hacer surgir lo irrepresentable a través de la obra. Se trata de lo real no como centro excluido del mundo de la representación pero sí como encuentro. Mientras en la primer estética el acento está en la sublimación como elevación del objeto a la dignidad de la Cosa, en la segunda se trata de la deconstrucción del marco de la representación; o sea: la 'función mancha' activada por la 'función cuadro' para hacer posible el encuentro con lo real. La estética anamórfica es una estética que hace surgir una discontinuidad real a partir de la mancha en la visión.

3- Estética de la letra: La tercera estética lacaniana es una estética de la singularidad. En el centro está la función del cuadro como función de la letra. La letra es el encuentro contingente con aquello que siempre ha estado, con la esencia como aquello que está inscripto. Lacan explica la segunda estética como aquella que teoriza el arte fundamentalmente como encuentro anamórfico con lo real; el criterio no es lo bello como barrera simbólica frente al horror (estética del vacío) sino la 'función cuadro' como mecanismo que hace presente lo irrepresentable. En la tercera estética, por el contrario, una nueva teoría del encuentro lleva directamente hacia la dimensión singular del acto como modalidad de separación del sujeto de la sombra simbólica del Otro. A través del encuentro contingente, la estética de la letra se concentra en la emergencia de la traza singular (irreductible a la universalidad del significante): una impronta única, unos signos irrepetibles surgen en el límite entre significado y goce. «La singularidad de la mano destruye lo universal» (Recalcati: 2006: 28). El estatuto de esta singularidad es un doble absoluto: absolutamente contingente y absolutamente necesaria.

En este sentido, la tercera estética encuentra su solución eficaz en la experiencia de singularidad y en la escritura del poema subjetivo que éste comporta.

En la primera estética, el exceso irreductible de lo real se constituye en la Cosa; el arte se manifiesta como organización significante. En la segunda estética, el exceso es algo puramente intrínseco a la obra. En la tercera estética, finalmente, la singularidad es el medio a través del que se manifiesta el exceso; esta singularidad se revela marcada por la necesidad de una repetición que se entrelaza con la contingencia más pura. El exceso de lo real –fenómeno irreductible al significante– se manifiesta en la singularidad de la letra como destino, o más bien: como unión radical de contingencia y necesidad.

El artista no encuentra su motivación en la aprehensión del inconsciente sino en su entorno a través de un diálogo entre lo consciente y lo inconsciente. Para el yo consciente, 'lo Otro' es pura alteridad; para el yo inconsciente, 'el Yo' y 'lo Otro' son lo mismo. Bajo estas pautas, el artista se siente íntimamente incluido en su entorno; desde este lugar puede constatarse la reflexión rimbaudiana: «el yo deviene otro».

Síntesis

Se puede tender un puente entre psicoanálisis y arte ya que en ambos campos existe un recorrido hacia lo otro. El psicoanálisis intenta ser consciente de lo Otro mientras que el campo artístico conserva un cierto temor de que la conciencia mate a ese Otro que acompaña la experiencia del yo ya que, en un primer momento, es justamente el otro quien hace posible este recorrido. El vacío al que se refiere Lacan no es sólo una función espacial sino también simbólica: es el orden de lo real. El arte utiliza lo imaginario para organizar simbólicamente ese real a través de su práctica en la obra.

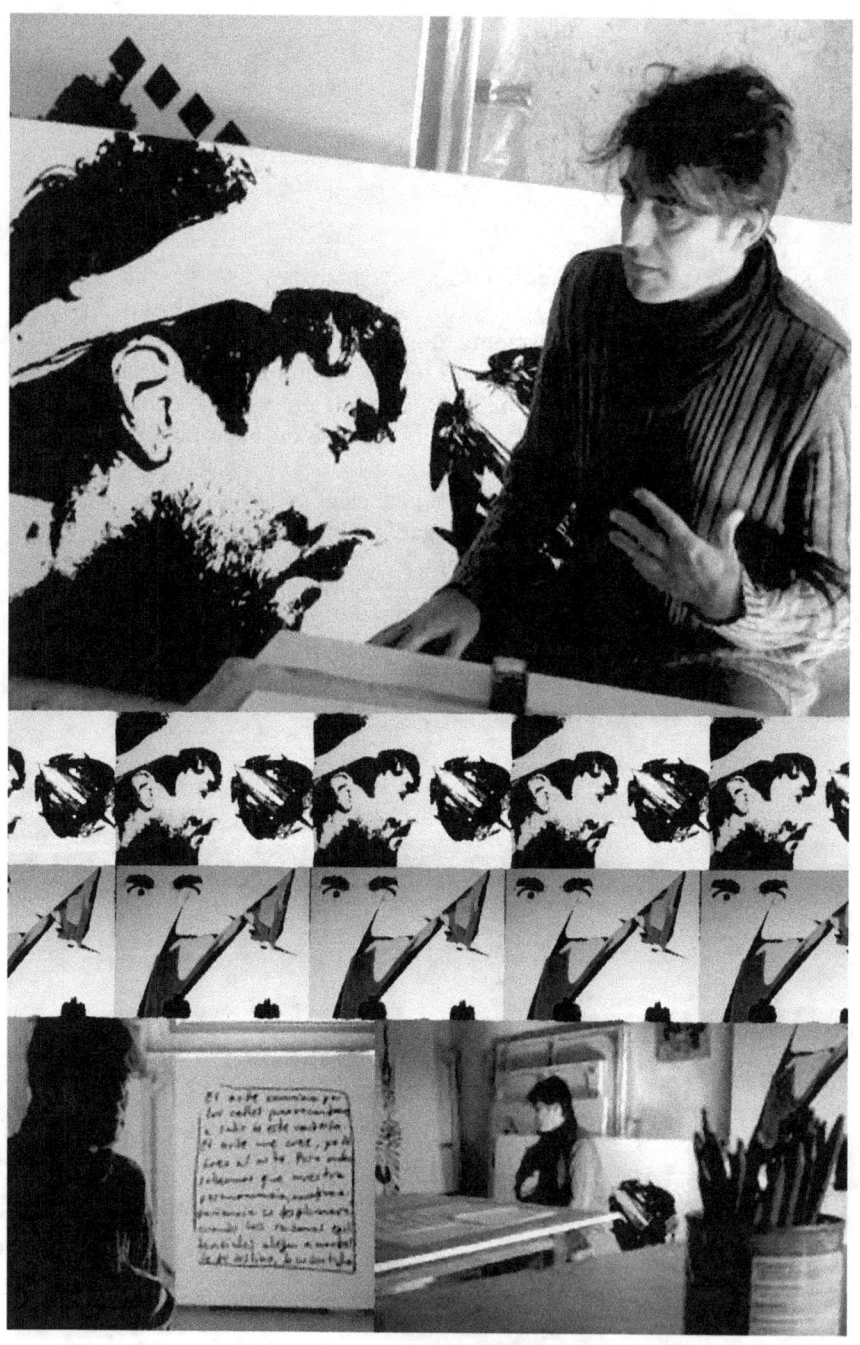

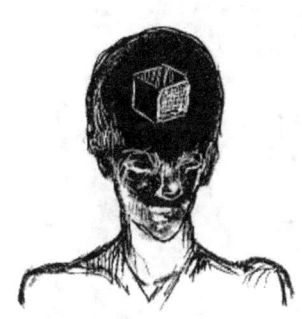
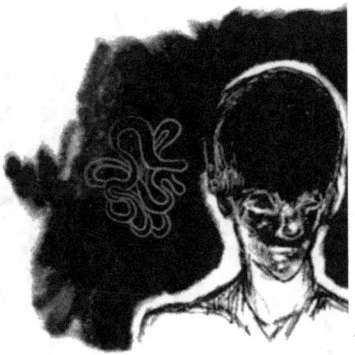

Capítulo II

El artista y la idea ejemplar: la obra

> Aun en un tiempo de indiferencia ante lo trascendente o profundo, el artista no debe permanecer sordo ante la llamada de la verdad. Debe defender la trascendencia de lo bello y eterno, aun desde el tembladeral de la carencia y el dolor. Un artista sin fe es como un pintor que hubiera nacido ciego.
>
> Andrei Tarkovski

> La obra no es la que uno termina de hacer sino que la obra es el camino que uno camina.
>
> Felipe Noé

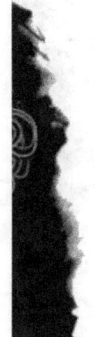
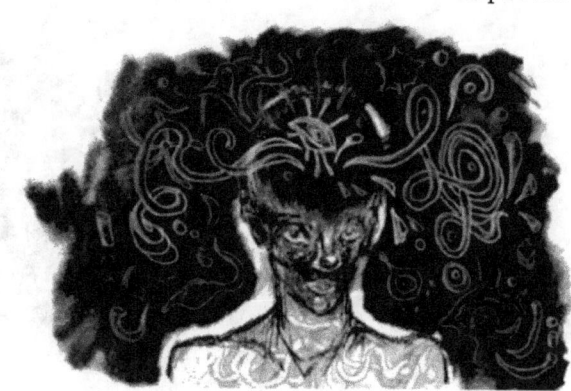

Aproximaciones a la definición de arte

Toda definición de arte es incompleta, subjetiva, discutible. No existe acuerdo unánime entre historiadores, filósofos y artistas acerca del significado de 'arte'. Sin embargo, a lo largo del tiempo se han intentado numerosas definiciones; se recuperan aquí algunas:

- «el arte es el recto ordenamiento de la razón» (Tomás de Aquino);
- «el arte es aquello que establece su propia regla» (Schiller);
- «el arte es el estilo» (Max Dvořák);
- «el arte es expresión de la sociedad» (John Ruskin);
- «el arte es la libertad del genio» (Adolf Loos);
- «el arte es la idea» (Marcel Duchamp);
- «el arte es la novedad» (Jean Dubuffet);
- «el arte es la acción, la vida» (Joseph Beuys);
- «arte es todo aquello que los hombres llaman arte» (Dino Formaggio).

El arte contemporáneo, recuperando en muchas ocasiones las ideas de Formaggio, propone que la categoría 'arte' suele ser un rótulo que sirve para denominar aquellas expresiones humanas infrecuentes. Es un fenómeno semántico que, en su más alta expresión, se caracteriza por no tener códigos preestablecidos sino que los enuncia a medida que el discurso se va formando.

El arte ha sido desde siempre uno de los principales medios de expresión de la humanidad. A través de él, el ser humano manifiesta sus ideas y sentimientos, la forma como se relaciona con el mundo. Su función puede variar desde lo más práctico hasta lo meramente ornamental, puede o no incluir un contenido religioso, puede ser duradero o efímero.

La palabra que se utilizaba antes de los griegos para hacer referencial al arte era artao, que podría llegar a significar "aquello que debe ser juntado, unido o bien algo que une. De este modo, originalmente arte sería todo aquello que tiende a unificar, a unir partes separadas. En este sentido la palabra Arte está profundamente ligada al símbolo ya que este, en su etimología, también estaría vinculado a ligar partes separadas pero con un amplio y profundo sentido: el sentido de amistad. En un principio, el arte une al creador de su obra consigo mismo y con el resto del mundo que accede a la misma. En este sentido, podemos conceptuar al arte como un modo de comunicación que sigue pautas muy específicas y singulares. En este sentido podría afirmar que el Arte estaría al servicio de la vida misma.

Nuestro término 'arte' procede del latín ars que es, a su vez, el equivalente del término griego τέχνη ('téchne', de donde provienen palabras como 'técnica'). Originalmente, τέχνη se aplicaba a toda producción realizada por el hombre y que implicaba un saber hacer. Artistas eran tanto el cocinero, el jardinero o el constructor como el pintor o el poeta. Con el tiempo, la derivación latina ('ars' / 'arte') se fue utilizando para designar disciplinas relacionadas con lo estético y lo emotivo mientras que la derivación griega ('téchne' / 'técnica') se fue utilizando para designar aquellas disciplinas que implican producción intelectual y artículos de uso. En la actualidad, estos términos que nacieron de una misma raíz muy raramente son confundidos o utilizados como sinónimos. El cambio histórico no sólo afectó la etimología sino también la definición. Hasta el Renacimiento, por ejemplo, las artes liberales eran las únicas consideradas como 'arte'; arquitectura, escultura y pintura se consideraban sólo como manualidades. En el siglo XX y luego de las vanguardias históricas, se pierde inclusive el sustrato material; lo que se resalta es el acto vital, la acción como hecho estético. En esta línea se inscribe la sugerencia de Joseph Neuys: pensar la vida misma como medio de expresión artística. Bajo estos parámetros se redefine también la categoría 'artista', se vuelve más inclusiva y con límites menos claros.

Clasificación del arte

La clasificación del arte y las distintas facetas o categorías que pueden considerarse artísticas han tenido una evolución paralela con el concepto mismo de arte.

Una de las primeras clasificaciones hechas sobre el arte fue la de los sofistas presocráticos que distinguían entre 'artes útiles' (aquellas que producían objetos de cierta utilidad) y 'artes placenteras' (aquellas que tienen por fin únicamente el entretenimiento). Posteriormente, Plutarco introdujo un tercer tipo: las 'artes perfectas' (aquello que hoy se considera ciencia). Platón, por su parte, estableció la diferencia entre 'artes productivas' (las que producían objetos nuevos) y 'artes imitativas' (aquellas que reproducían otros objetos).

Durante la era romana hubo diversos intentos de clasificar las artes. Quintiliano dividió el arte en tres esferas: 'artes teóricas' (basadas principalmente en el estudio de las ciencias), 'artes prácticas' (como la danza, que implican una actividad pero no producen nada material) y 'artes poéticas' (aquellas que producen objetos). Cicerón catalogó las artes, según su importancia, en 'artes mayores' (política y estrategia militar), 'artes medianas' (ciencias, poesía y retórica) y 'artes menores' (pintura, escultura, música, interpretación y atletismo). Plotino, por su parte, clasificó las artes en cinco grupos: las que producen objetos físicos (como la arquitectura), las que ayudan a la naturaleza (medicina, agricultura, etc.), las que imitan a la naturaleza (la pintura, por ejemplo), las que mejoran la actividad humana (política, retórica) y las intelectuales (como la geometría). Pero la clasificación que tuvo más fortuna en el tiempo –fue influyente aun en la era moderna– fue la de Martianus Capella y recuperada (cristianizada) por Casiodoro. Fue Martianus Capella quien, en el siglo II, dividió las artes en 'liberales' (las que tienen un origen intelectual) y 'vulgares' (las que tienen un origen manual). Entre las liberales se encontraban la gramática, la retórica y la dialéctica –que formaban un subgrupo conocido como 'trivium'–, y la aritmética, la geometría, la astronomía y la música –que formaban el 'quadrivium'. Las vulgares, por su parte, incluían arquitectura, escultura, pintura y otras actividades que hoy consideramos como artesanías.

La Edad Media mantuvo la división entre artes liberales y vulgares (conocidas estas últimas también como 'mecánicas'). No obstante, hubo también otros intentos de clasificación. Boecio dividió las artes en 'ars' y 'artificium'. Su clasificación era similar a la de artes 'liberales' y 'vulgares' pero que prácticamente excluía las formas manuales del campo del arte, conectándolo casi puramente con lo mental. En el siglo XII, el teólogo Radulfo de Campo Lungo intentó hacer una clasificación de las artes vulgares o mecánicas para reducirlas a siete (la misma cantidad que las 'liberales'). El teólogo escolástico, teniendo en cuenta su utilidad para la sociedad, las dividió en: 'victuaria' (la que alimenta), 'lanificaria' (la que viste), 'architectura' (la que provee resguardo), 'suffragatoria' (la que facilita el transporte), 'medicinaria' (la que cura), 'negotiatoria' (la que tiene por fin el comercio) y 'militaria' (la que sirve como defensa).

En el siglo XVI se comenzó a considerar que arquitectura, pintura y escultura eran actividades que requerían no sólo oficio y destreza sino también cierto trabajo intelectual que las ponía por encima de otros tipos de manualidades. Se gestaba así el concepto moderno de arte que adquirió, durante el Renacimiento, el nombre 'artes del diseño' (ya que se consideraba que en el diseño residía la génesis fundamental de estas obras). "Las Meninas" de Velázquez (1656) fue una afirmación clara de la figura del pintor como artista inspirado frente a la condición de artesano que, hasta el momento, representaba el oficio de pintor.

El concepto siguió en permanente elaboración durante los siglos subsiguientes. El humanista florentino Giannozzo Manetti propuso la categoría 'artes ingeniosas' sin hacer cambios estructurales, más allá del nombre, a las ya denominadas 'artes liberales'. El filósofo neoplatónico Marsilio Ficino elaboró el concepto de 'artes musicales' argumentando que la música era inspiración para el resto de las artes. En 1555, Giovanni Pietro Capriano introdujo la acepción 'artes nobles' para referirse a la elevada finalidad de estas actividades. En su libro Correttione d'alcune cose del Dialogo delle lingue di Benedetto Varchi, et vna giunta al primo libro delle Prose di m. Pietro Bembo doue si ragiona della vulgar lingua (1572), Lodovico Castelvetro introdujo la categoría 'artes memoriales' ya que, según el autor, las artes buscan fijar en objetos la memoria de los acontecimientos. Claude-François Menestrier, historiador francés del siglo XVII, formuló la idea de 'artes pictóricas' para remarcar el carácter visual del arte. Emanuele Tesauro, por su parte, ideó en 1658 la noción de 'artes poéticas' a partir de la célebre cita de Horacio «ut pictura poesis» («la pintura como la poesía»). Tesauro quería describir el componente poético y metafórico de estas artes.

Ya en pleno siglo XVIII, dos definiciones de arte coincidieron en un mismo año (1744): 'artes agradables' (propuesta por Giambattista Vico) y 'artes elegantes' (propuesta por James Harris). Dos años después, Charles Batteux formuló la categoría 'bellas artes' al reducirlas a un único principio (que influye hasta nuestros días) y que remarca su aspecto de imitación (imitatio). Batteux incluyó dentro de las 'bellas artes' a la pintura, la escultura, la música, la poesía y la danza. Mantuvo el término 'artes mecánicas' para el resto de actividades artísticas. Señaló también, como actividades a mitad de camino entre ambas categorías a la arquitectura y la retórica, si bien poco tiempo después se eliminó el grupo intermedio y la arquitectura y la retórica se incorporaron plenamente.

El término 'bellas artes' hizo fortuna y quedó fijado como definición de todas las actividades basadas en la elaboración de objetos con finalidad estética, producidos de forma intelectual, con voluntad expresiva y trascendente. Desde entonces, lo que hoy consideramos artes se fue distinguiendo más claramente tanto de las ciencias como de los oficios manuales. La lista de las 'bellas artes' sufrió diversas variaciones. Si bien se generalizó la aceptación de arquitectura, pintura, escultura, música y poesía en la categoría, los dos puestos restantes oscilaron entre danza, retórica, teatro y jardinería; y, más adelante en el tiempo, entre nuevas disciplinas como la fotografía o el cine.

Durante el siglo XIX se fue produciendo un nuevo cambio terminológico: como el término 'artes' hacía sólo referencia a las 'bellas artes', poco a poco se fue perdiendo el adjetivo 'bellas'. Se fue imponiendo así la acepción general de 'arte' tal como se entiende en la actualidad. La expresión 'bellas artes', por su parte, terminó haciendo referencia únicamente a las artes visuales, aquellas que en el Renacimiento se denominaban 'artes del diseño' (arquitectura, pintura y escultura). También hubo una tendencia hacia la separación de las artes visuales de las literarias (que recibieron el nombre de 'bellas letras').

Pese a la aceptación general de la clasificación propuesta por Batteux, en los siglos siguientes se produjeron otros intentos de clasificaciones del arte. Immanuel Kant distinguió entre 'artes mecánicas' y 'artes estéticas'. Robert von Zimmermann habló de 'artes de representación material' (arquitectura y escultura), 'de representación perceptiva' (pintura y música) y 'de representación del pensamiento' (literatura). Alois Riegl, en Arte industrial de la época romana tardía, dividió el arte en arquitectura, plástica y ornamento. Hegel, en su Estética, estableció tres formas de manifestación artística: arte 'simbólico', 'clásico' y 'romántico', en relación directa con tres estadios de evolución histórica, tres formas diferentes de arte y tres maneras distintas en que la idea toma forma. En el esquema hegeliano, lo que primero se manifiesta es un desajuste en el que la idea no encuentra forma. Luego acontece el ajuste, donde la idea se ajusta a la forma y finalmente, en el desbordamiento, la idea sobrepasa a la forma y tiende al infinito. La evolución histórica de Hegel equipara la infancia de la humanidad con el arte prehistórico, antiguo y oriental; la madurez, con el arte griego y romano; y la vejez con el arte cristiano. En cuanto a la forma, la arquitectura, como forma monumental, es un arte tectónico que se relaciona directamente con la materia; la escultura, como forma antropomórfica, se relaciona con la forma volumétrica, por lo que se acerca más al hombre; finalmente, pintura, música y poesía, como formas suprasensibles, representan la etapa más espiritual y desmaterializada. En la estética hegeliana, la creación artística debe superar la mera mímesis para representar la libertad espiritual. En el proceso de evolución estética, mientras el artista se acerca a su límite va dejando de lado las formas sensibles para volverse más conceptual y reflexivo. Siguiendo esta lógica, es al final de este proceso que se produce la denominada 'muerte del arte'.

Acerca de la reproductibilidad técnica

El texto más conocido de Walter Benjamin es, sin duda, La obra de arte en la época de su reproductibilidad técnica de 1936; uno de los ensayos sobre estética más influyentes del siglo XX. La obra de arte en la época de su reproductibilidad técnica propone que el arte ha cambiado su origen ritual por un origen político. Eso, de algún modo, convierte a la obra de arte en un fenómeno menos autónomo y con nuevas funciones. Benjamin recalca también que las nuevas formas de transmisión han modificado el fenómeno mismo de la transmisión. La literatura, durante siglos, se basaba en un número limitado de personas que escribían hacia un público mayoritario. El nacimiento de la prensa invierte estos mecanismos ya que una gran cantidad de aquellos que sólo consumían se convierten gracias a la revolución técnica y tecnológica en productores.

La propuesta de Benjamin explica de qué manera se pasa de una contemplación individual a una contemplación masiva que favorece la distracción. Un derivado natural de esta idea hace referencia al uso de la distracción por parte de ciertos sistemas totalitarios; es lo que Walter Benjamin denomina 'estetización de la política'. Aquello que favorece la 'democratización' del arte (o sea: la difusión de la cultura gracias a la reproducción técnica) puede ser también la puerta hacia un fascismo sin retorno en el que se borren las diferencias, donde el valor y la función del arte estén totalmente al servicio del poder hegemónico. Benjamin sostiene que no se trata de estar a favor o en contra de la técnica sino de tener en cuenta tanto sus posibilidades como sus peligros.

Pocas nociones se conectan tanto con la idea convencional de arte como el concepto de belleza. No obstante, este ideal poco tiene que ver con buena parte de las producciones del arte contemporáneo. Este hecho obliga a repasar una y otra vez las definiciones al respecto. Retomando una idea de Susan Sontag, podemos decir que la mejor teoría de la belleza es su propia historia. Desde los griegos y durante más de dos mil milenios, la belleza ha sido la característica principal de aquello que hoy se considera 'obra de arte'. No obstante, hoy la idea de belleza como constituyente fundamental de la obra de arte es vista como anticuada. El siglo XX fundó una estética que intenta romper con las categorías estancas de belleza y arte.

Dos teorías acerca de la belleza

La teoría de la belleza como forma y la teoría del arte como imitación han perdido su lugar central dentro de los debates sobre arte en nuestro tiempo. Algunas tradiciones que contribuyeron a estas ideas son: la teoría pitagórica (la belleza depende de la proporción y el número), la teoría platónica (existe una idea de belleza que conocemos y utilizamos y sólo a través de ella podemos reconocer la belleza), la teoría aristotélica de la katharsis (el arte como purgativo) y la teoría neoplatónica de la claritas (la luz y el esplendor como esencia de la belleza). Estas concepciones acompañaron buena parte de la historia del pensamiento occidental y se han visto invalidadas por buena parte del pensamiento sobre estética a lo largo del siglo pasado.

La mirada del artista como sujeto de conocimiento indaga en las destrezas, la naturaleza generadora del placer, la sensibilidad individual de la obra como crítica y la crítica como presencia del pensamiento en la obra. El artista, al contemplar el acontecer y el devenir, se adelanta a su época. El arte le ofrece, a través de una compleja elaboración de elementos ideológicos, mágicos, simbólicos, fantásticos e imaginarios, la posibilidad de dar cuenta de sí y manifestar la subjetividad que se pone en juego en el momento de crear la obra y crearse a sí mismo como artista-autor.

Uno de los errores más frecuentes a la hora de juzgar al arte contemporáneo es el de atribuir una excesiva importancia a la producción de los últimos años. Siempre es fácil decir "Damien Hirst tiene la culpa de todo". Pero un acercamiento más detallado a la historia del siglo XX muestra que muchas de las tendencias actuales fueron, en realidad, ya adelantadas y en la mayoría de los casos incluso agotadas hace ya tiempo. A modo de ejemplo teórico, sería útil pensar en la 'teoría institucional del arte' desarrollada por el crítico George Dickie durante las décadas del setenta y ochenta del siglo pasado. Según su libro El círculo del arte (1984), la base de esta teoría propone que las obras de arte son aquellos artefactos que han adquirido un cierto estatus dentro de un marco institucional particular llamado 'el mundo del arte'.

El concepto de 'mundo del arte' fue desarrollado también por Arthur Danto; allí parte del argumento de los objetos visualmente indistinguibles que sostiene que, si hay dos objetos exactamente iguales para la vista pero uno es obra de arte y el otro no, es porque existe algún contexto o marco que otorga un estatus diferente a cada uno de ellos. Danto afirma que, para considerar un objeto como arte, se requiere algo que el ojo no puede desestimar: una atmósfera de teoría artística, un conocimiento de la historia del arte, un 'mundo del arte' (expresión que, aquí, no tiene un sentido acotado sino que involucra múltiples actores y estructuras sociales).

George Dickie sostiene que un artista produce invariablemente su obra inserta en la institución del arte incluso cuando pueda no estar en contacto con las instituciones particulares que la compone. Hacer arte implica una institución-acción, no necesariamente una institución-persona. Por supuesto, muchas instituciones, personas, museos o fundaciones tienen relaciones con la producción de arte, pero ninguna institución o persona particular es esencial para hacer arte. Los pensamientos sobre el arte nunca participan de modo consciente en el proceso creativo, pero los artistas crean sus obras como resultado de una exposición previa a ejemplos de arte, de la instrucción en técnicas artísticas y su trasfondo de conocimiento al respecto. De esta manera, Dickie niega la posibilidad de que exista un artista que pueda producir por fuera de las instituciones sociales más básicas de la actualidad: las pequeñas enseñanzas "artísticas" de los padres, los maestros y la escuela, el reconocimiento de la expresión individual en la niñez, los rudimentos técnicos de alguna disciplina por mínimos que sean. Además del artista y el público, hay otras personas que ocupan roles complementarios que son fundamentales para que el fenómeno 'arte' se realice: productores, directores de museos, marchands, periodistas y críticos, historiadores, teóricos y filósofos del arte. Dickie arriba así a una definición circular (de allí toma su título el libro) en la que todos los elementos están interrelacionados, se presuponen y apoyan. Esta teoría, entre otras, acompañó y dio sentido desde sus comienzos al conceptualismo, el movimiento pop y muchas de sus variantes

    Artista es entonces aquella persona que, según las definiciones, o bien practica un arte o bien destaca en él. Por definición, un artista es quien elabora una obra de arte; así pues, y en paralelo a la evolución del concepto de arte vista anteriormente, en épocas pasadas un artista era cualquier persona que trabajase en las artes liberales o vulgares, desde un gramático, un astrónomo o un músico, hasta un albañil, un alfarero o un ebanista. Sin embargo, hoy día se entiende por artista a quien practica las bellas artes. Aun así, el término artista puede tener diversas acepciones, desde el artista como creador hasta el artista como el que tiene, en la práctica de un arte, su profesión. A menudo se llama artistas a actores o músicos que sólo interpretan obras creadas por otros autores. También se suele emplear el vocablo artista para diferenciar a quien practica una actividad liberal del que practica un oficio; en ese sentido, se suele decir 'pintor artista' para marcar una diferencia con el 'pintor de brocha gorda'. Al artista se le reconoce una disposición especialmente sensible frente al mundo que lo rodea: ha desarrollado su propio punto de vista, así como su creatividad, una buena técnica y un medio de comunicación hacia el espectador por medio de sus obras. El artista adquiere su propio dominio de la técnica y su desarrollo artístico intelectual para llegar al camino del profesionalismo. Con esta personalidad, el artista se manifiesta hacia el mundo tratando de reflejar lo que acontece o le gustaría que aconteciera en él.

    Es así como una obra, en términos generales, es una realización material que tiene una existencia objetiva y es perceptible sensiblemente. El término proviene del latín opera que deriva de opus ('trabajo'), por lo que equivale a trabajo como objeto:

el resultado de un trabajo. Una obra de arte puede ser tanto el objeto material en sí –una pintura, una escultura, un grabado– como una producción intelectual donde lo estético se encuentra en el momento de su ejecución o captación por medio de los sentidos. En la literatura, el arte se encuentra más en la lectura de la obra que en el lenguaje escrito que le sirve de vehículo de comunicación o el medio material (libro, revista) que le sirve de soporte. En música, el arte se encuentra en su percepción auditiva, no en la partitura en que se ve reflejada. En el arte conceptual, se valora más la concepción de la obra de arte por parte del artista que su realización material.

En ese sentido, y en un segundo momento, una obra de arte puede tener varios niveles de elaboración. Parafraseando a Panofsky, al escribir una carta se cumple básicamente el objetivo de comunicarse; pero si se escribe poniendo especial atención en la caligrafía, puede tener un sentido artístico valorable per se. Y si, además, se escribe en un tono poético o literario, la carta trasciende su sustrato material para convertirse en una obra de arte valorable por sus cualidades intrínsecas. Por otro lado, hay que valorar la percepción del receptor: un objeto puede no estar elaborado con finalidades artísticas pero ser interpretado así por la persona que lo percibe, como en los readymade de Duchamp.

Igualmente, una obra de arte puede tener diversas interpretaciones según la persona que valore, como remarcó Umberto Eco con su concepto de 'obra abierta'. Y una misma obra puede ser percibida como artística por unos y como no artística por otros; Marcel Mauss decía que obra de arte es el objeto reconocido como tal por un grupo social definido. Así, habría que reconocer que una obra de arte es un objeto que tiene un valor añadido, sea este valor un concepto artístico, estético, cultural, sociológico o de diversa índole. En síntesis: se podría decir entonces, siguiendo a estos autores, que una obra de arte es un hecho sensorial, realizado artificialmente, con intencionalidad comunicativa y orientación lúdica.

La cuestión central en los debates sobre el arte consiste en averiguar qué distingue al arte de otros tipos de actividad humana consciente. Se puede decir, a modo de síntesis y siguiendo a Wladislaw Tatarkiewicz (1987: 56-61) que a lo largo de la historia se postularon las siguientes hipótesis:

    1) El rasgo distintivo del arte es que produce belleza. Esta definición viene heredada del siglo XVIII. Pero la belleza es una noción ambigua. La palabra puede significar cualquier cosa que agrade, un cierto tipo de equilibrio, claridad, armonía de formas. La definición es demasiado amplia o demasiado restringida.

    2) El rasgo distintivo del arte es que representa o reproduce la realidad. Esta definición no es aplicable a todo tipo de arte sino sólo al arte mimético (la pintura, la escultura o la poesía, por ejemplo). Con la imitación sucede lo mismo que con la belleza: tiene muchos significados diferentes.

    3) El rasgo distintivo del arte es la creación de las formas. Es decir: la configuración de cosas o la constitución de las cosas. Según esta definición, el arte dota a la materia y al espíritu de forma. Esta definición no es descriptiva, sino normativa y arbitraria. Si el arte se define como la creación de formas, es necesario especificar qué tipo de forma compone su objetivo específico.

    4) El rasgo distintivo del arte es la expresión. Esta definición se concentra en la intención del artista. Surge aquí el recurrente problema de la ambigüedad; la expresión puede aplicarse sólo a algunas escuelas artísticas y no funciona como rasgo distintivo de todo arte.

    5) El rasgo distintivo del arte es que produce la experiencia estética. Esta definición se concentra en el efecto que una obra de arte produce en el receptor. El término 'experiencia estética' no es menos ambiguo que el de 'belleza'.

    6) El rasgo distintivo del arte es que produce un choque. Esta definición se centra en el efecto que el

arte produce en el receptor. Es la más reciente de todas, un producto característico del siglo XX.

Síntesis

Para ser considerada como tal, la obra de arte debe trascender su sustrato material para adquirir una significación trascendente. Este significado está basado tanto en su aspecto estético como en el histórico y es fiel reflejo de un lugar, tiempo y cultura determinados. Todo esto subyace en la génesis de toda obra de arte.

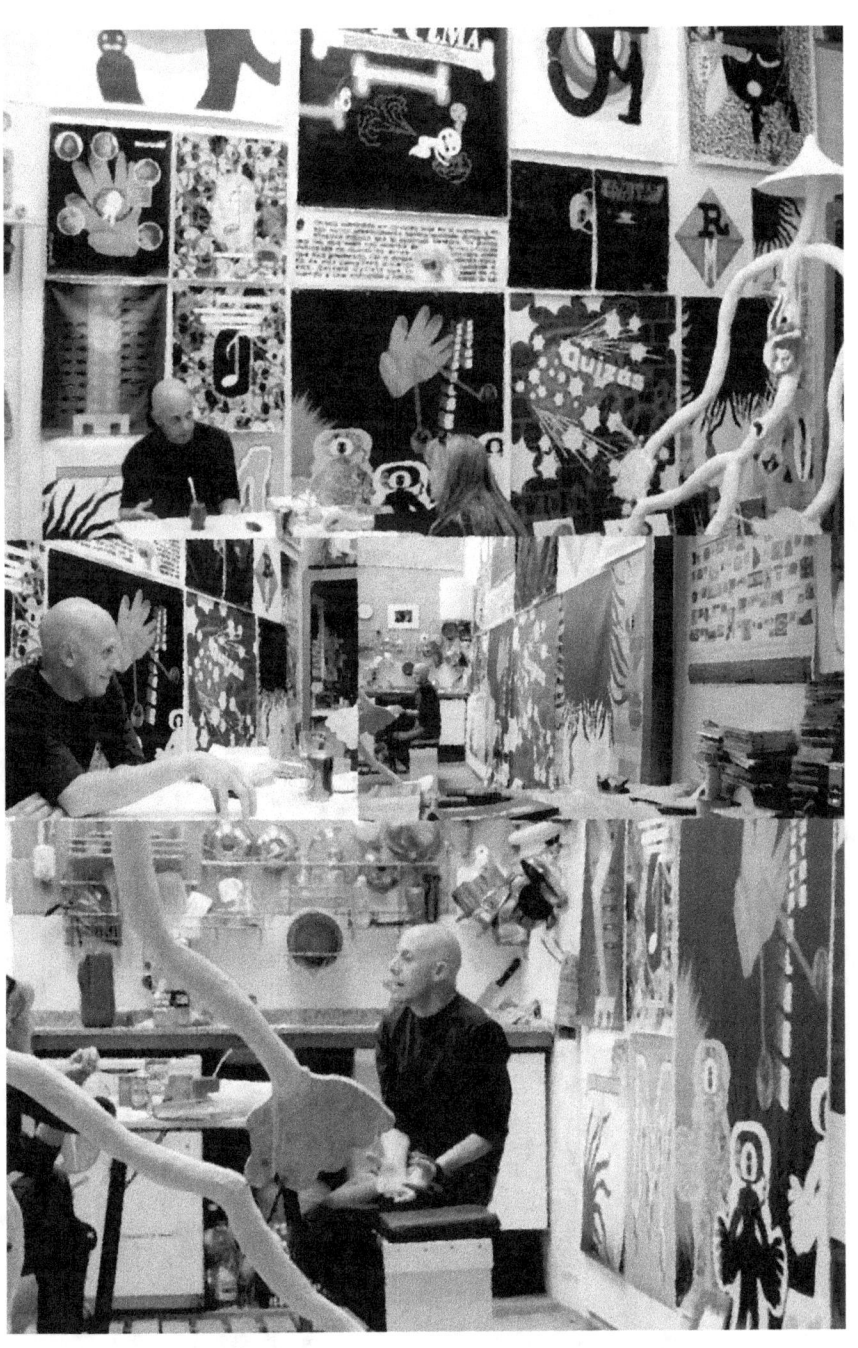

Capítulo III

El artista y la mirada del otro: sobre el reconocimiento

> La expresión visual está compuesta por símbolos y señales que provocan respuestas en el observador, que identifican, canalizan emociones, incitan a la acción, comunican información o actitudes.
> Cynthia Dantzic

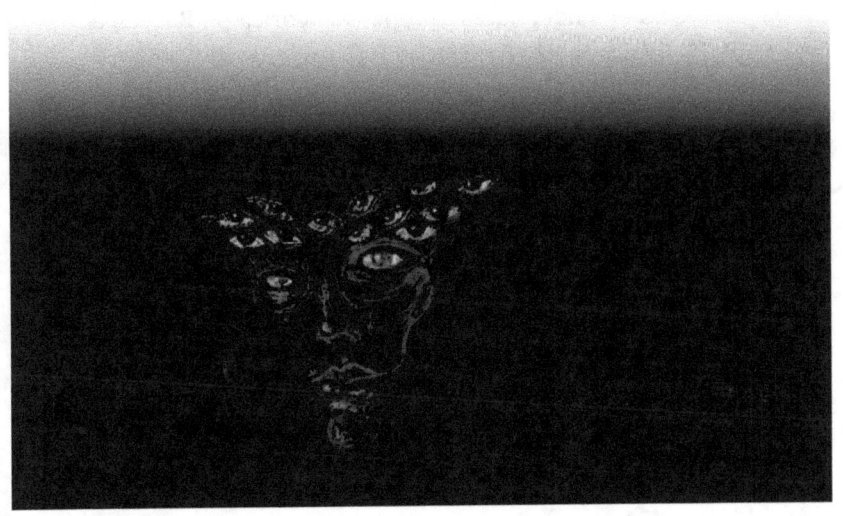

El artista, como el sociólogo, puede explicar el consumo cultural pero no la producción ya que, en efecto, aceptar esta distinción implica una tendencia a reservar para la obra de arte y su creador un espacio separado y un tratamiento privilegiado. «La autonomía del arte y del artista, que la tradición hagiográfica acepta como algo evidente en nombre de la ideología de la obra de arte "como creación" y del artista como creador increado, no es sino la autonomía (relativa) de este espacio de juego al que llamaremos campo, autonomía que se instituye poco a poco y bajo ciertas condiciones en el curso de la historia» (Bourdieu: 2000: 207). En el arte y la relación entre los artistas, está vinculado directamente con la historia de los grupos dominantes y las luchas por la dominación.

Algunos conceptos claves para esta crítica de fondo son: campo, habitus, scholé, Doxa e illusio. Esta terminología conjuga una visión de las condiciones materiales y culturales de producción del conocimiento humano y trata de interpretar los condicionamientos a los que se ve sujeta, inevitablemente, toda producción. Se sobreentiende la importancia de la evolución histórica que, tomando ciertos presupuestos cognitivos, conduce hasta el presente.

Es necesario entender aquí la propuesta teórica de Bourdieu quien reflexiona (2000) en torno a propuestas ya anticipadas a lo largo de su obra. Tal como sugiere en la introducción del libro, su intención es la de reorganizar sistemáticamente sus ideas para dar respuesta a una serie de críticas planteadas recurrentemente a sus planteos. La noción de 'campo' ya había sido propuesta en sus Reglas del arte (1996) para mostrar cómo, en cierto ámbito, los literatos burgueses de cierto momento histórico de Francia, expresaban valores y disputas propias de su estructura de clase. Un 'campo' es un espacio simbólico de lucha en el que se compite por cierto 'capital'. Quienes compiten en ese campo son agentes implicados que buscan maximizar, a través de estrategias prácticas, el rendimiento de sus jugadas, la máxima cantidad de capital posible. Para llevar a cabo dichas estrategias, esos agentes aplican el 'habitus' adquirido en el propio campo: aquel conjunto de predisposiciones colectivamente heredadas que los convierte en jugadores competentes. Los criterios estéticos están dados por las disposiciones (maneras de ser permanentes, la mirada, categorías de percepción) y esquemas (estructuras de invención, modos de pensamiento, etc.) que están ligados a sus trayectorias, origen social, trayectorias escolares, a los tipos de escuelas por las cuales han pasado. Dicho habitus los hace portadores de un conocimiento implícito de las reglas del juego propias del campo y, sobre todo, de una creencia fundamental en la bondad propia del juego en el que están implicados (esta es la 'illusio'). Finalmente, la competencia adquirida a través del habitus y la illusio conforman una 'Doxa' que sustenta de manera práctica al propio campo. Este proceso no sucede a partir de una racionalización sino mediante una acumulación, históricamente configurada, de estrategias prácticas que van definiendo lo que es pertinente y adecuado para la lógica de funcionamiento del propio campo.

Dos ingredientes son fundamentales para desarrollar este esquema interpretativo en diversos ámbitos de la existencia colectiva. En primer lugar, su historicidad: todo campo es resultado de una evolución histórica en la que se van configurando, a través de sucesivas estrategias desplegadas por los agentes, tanto la Doxa y la illusio como el habitus que orienta de manera práctica el comportamiento de los jugadores. Y en segundo lugar su socialidad, entendida en términos de contextualizad relacional y de afectividad. Un campo no se subordina a una lógica racional sino que está determinado, fundamentalmente, por los afectos que despliegan recíprocamente los agentes que lo componen; la ambición, el deseo de reconocimiento, los amores y odios, son ingredientes definitorios de un campo. Se trata de un espacio de lucha humano y, por ello, condicionado por las biografías y los sentimientos.

Pues bien, hay ciertos campos específicos en los que un ingrediente determinante de su Doxa-illusio es lo que Bourdieu (2001) denomina 'scholé'. Bourdieu parte del sentido etimológico del término (juego), pero hace también una conexión con el sentido posterior (escuela). En su concepto, entonces, se confunden los dos aspectos del término. En la escuela se va tanto a aprender como a jugar y se presupone que ello se hace sin intención de beneficio instrumental alguno sino por la propia bondad práctica que la institución fomenta. Se aprende, podríamos decir, jugando (en un juego en el que ningún beneficio material se obtiene en caso de que se gane). En estos campos escolásticos se gesta la concepción del pensamiento puro como doxa fundamental. El sentido del juego es el saber mismo: el conocimiento por el conocimiento, liberado de todo imperativo material y toda urgencia mundana.

Entre todos los campos, es el de la filosofía el que lleva más hasta el límite la lógica de la scholé; un campo que presupone el espacio propio del conocimiento y donde se elaboran a su vez los fundamentos últimos de dicho conocimiento. La filosofía hace abstracción absoluta de todo condicionante práctico para acceder a la esencia del conocimiento en tanto capacidad del espíritu; un conocimiento incondicionado que accede a los condicionamientos del conocimiento. Bourdieu proviene del campo de la filosofía; se formó en su Doxa, allí adquirió su habitus, se involucró en ese juego fundado en la illusio de su bondad intrínseca. Pero eventualmente se desencantó y dirigió sus preocupaciones hacia aspectos más "mundanos". Es precisamente su paso por el campo de la filosofía lo que le permite ser más consciente, una vez que ha salido de él, de los presupuestos implícitos e incuestionados que lo sostienen.

Es necesario historizar y socializar los campos. Esto significa develar las condiciones de posibilidad de constitución como tal, entendiendo que todo campo se sustenta en un conjunto de actividades prácticas llevadas a cabo por agentes que persiguen ciertos intereses y buscan obtener el mayor capital simbólico y el máximo reconocimiento social que sea posible.

El simple hecho de recordar que lo que se vive como un don o un privilegio de las almas de elite, un signo de elección, es en realidad el producto de una historia, una historia colectiva y una historia individual que produce un efecto de desacralización, de desencantamiento o de desmitificación. Por otro lado, el hecho de que en el mundo en el cual se produce el arte, su propia lógica se aleja aún más del mundo común, se torna dramática desde el momento en que el campo artístico comienza a volverse a sí mismo y devenir reflexivo. Tiene que vérselas, además, con un arte que demanda, para ser percibido y apreciado, que el espectador comprenda que el objeto de ese arte es el arte mismo (Bourdieu: 2012: 32-33).

Siguiendo el texto de Bourdieu, se cita a Mallarme en un texto célebre y oscuro titulado La música y las letras. Bourdieu recuerda que no hay esencia de lo bello más allá del mundo literario en el cual se produce la creencia colectiva en la belleza, pura ficción, que necesita no ser desmitificada. Mallarme anticipa que todos los actos artísticos por los cuales los artistas han planteado los problemas de los fundamentos sociales de la creencia artística, del arraigo de la ficción artística, en la creencia que se engendra en el seno del campo artístico, que no hay creencia de lo bello. Los artistas son, entre todos los productores de bienes simbólicos, aquellos que más han avanzado en el sentido de la reflexividad sobre su práctica. La intención reflexiva es mucho más antigua en las artes plásticas que en otras artes. Si hoy los artistas tienen problemas con la sociedad es porque les plantea problemas sobre su propia existencia, sobre los fundamentos sociales de su existencia. En este sentido, están muy próximos a los sociólogos (Bourdieu: 2012: 37).

Lo objetivante y subjetivante de las estrategias individuales

El concepto 'estructura' es impropio al hablar de la doble condición, estructurada y estructurante, de las predisposiciones que sustentan el edificio de las estrategias individuales en las pugnas de los diversos campos. No obstante, es útil heurísticamente su aplicación ya que condiciona la lógica de los distintos campos en los que se desenvuelve la convivencia colectiva. Hay una permanente transmisión, generación tras generación, de predisposiciones que se inculcan cotidiana e inconscientemente y que capacitan a los sujetos para el desarrollo de "jugadas" adecuadas. Es la práctica, el despliegue efectivo de los comportamientos cotidianos el que expresa de manera más diáfana los condicionamientos subyacentes.

La lógica del pensamiento escolástico no puede acceder al mecanismo lógico/ilógico (y sin embargo coherente y relativamente sistemático) del habitus que configura las aptitudes de los individuos como miembros de diversos campos en los que despliegan sus prácticas. Es la historia de las prácticas cotidianas la que edifica y modifica permanentemente dichos escenarios y modela a los individuos como agentes. Esta propuesta atenta seriamente contra el racionalismo ilustrado ya que formula una ruptura con las dicotomías sobre las que se edificó la Ilustración. Subyace a este planteo un pensamiento más fluido y práctico que, aun siendo más dinámico, no renuncia a la aspiración de cientificidad. Entre el dualismo objetivismo/subjetivismo y la correlativa teoría/práctica, existe un espacio propiamente humano: reflexivo y activo al mismo tiempo, simultáneamente razonador y pasional, en el que son configuradas las actitudes sociales.

En esta relación entre campo, demanda y posición, Bourdieu

denomina 'creación' al encuentro entre un habitus constituido socialmente y una determinada posición (instituida o posible) en la división del trabajo de producción cultural. El proceso mediante el cual el artista hace su obra y constituye indisociablemente a sí mismo como artista, de forma tanto original como circular, puede describirse desde la relación dialéctica entre el puesto del artista que a menudo le preexiste (su vida, atributos, expresión, tradición) y su habitus (que le predispone a ocupar ese puesto o incluso a transformarlo en mayor o menor medida). En suma: el habitus del productor jamás es por completo el producto del puesto; la excepción de esta regla serían, quizás, ciertas tradiciones artesanales donde la formación familiar y la formación profesional se hallan completamente imbricadas (2000: 209). «Más exactamente, –afirma Bourdieu– el artista es alguien a quien se reconoce como tal reconociéndose en lo que él hace, reconociendo en lo que ha hecho lo que se habría hecho, si se hubiera sabido hacer. [...] Es un creador, palabra mágica que se puede emplear una vez que se ha definido la operación artística como operación mágica, es decir: típicamente social» (Bourdieu: 2000: 163).

El espectador

«La creación está estrechamente ligada a los modos de sensibilidad que comparten tanto el artista como el espectador»; así introducen Giusti y Barbagelata (2004: 15) la idea de 'modos de sensibilidad' que despierta una obra de arte. La percepción estética implica, para estos autores, un modo de sensibilidad particular que va más allá de la representación; se trata de modos de ser afectado. La afección es la forma en la que el cuerpo recibe lo que llega del mundo: placer, dolor, alegría, modos de amor y odio son repercusiones de la manera en la que los individuos actúan sobre el mundo y las herramientas materiales y conceptuales a través de las cuales lo constituyen (y, al hacer eso, se van naturalmente constituyendo). Siguiendo esta línea, los autores sostienen que «estamos absolutamente separados y solos frente a la obra. Esta soledad peculiar, donde la experiencia se hace cortando los lazos, los vínculos con cualquier presencia, nos deja a merced de los espectros, los fantasmas más íntimos que en ocasión de esta desnudez emergerán» (Giusti y Barbagelata: 2004: 17).

La ruptura del lazo con el otro, el aislamiento que fomenta la obra de arte, pone en funcionamiento una intensidad de la experiencia que está en la base de la fascinación que ofrecen las imágenes. Placer de olvidar, de escapar de las barreras del yo, de dejar ser en tiempo y espacio para ser otro y descubrir otro tiempo y otro espacio en el que existe algo fundamental e inalterable.

Aquí se pone en evidencia el rol del espectador/participante. Entre él y la obra de arte se establece un espacio dialéctico e interdiscursivo sobre el que se va configurando una red de significantes. En toda obra de arte hay un momento en el cual el espectador está llamado a participar del proceso creativo. Se le ofrece el lugar de tercero incluido; para él, la obra de arte poblada de imágenes puede cumplir una función de mediación con el mundo. Además, puede ayudarle a bosquejar su encuentro con la estructura de su fantasma.

Giusti y Barbagelata (2004: 41, 42) postulan un dispositivo para delimitar, de algún modo, la función y posición del espectador/participante frente a la obra de arte; es, esencialmente, una sucesión temporal:

> 1. El instante de la mirada: es el primer momento del acercamiento del espectador a la obra; en esta instancia se despliega un enigma;
> 2. El tiempo para comprender: tiene que ver con una reciprocidad, a través de la presentación o comentarios, en y con los otros espectadores/participantes;
> 3. El momento de concluir: momento en que la sucesión de pasos transitados concluye, a través de la sustitución metafórica espectador/participante, en un nuevo efecto de sentido. Será en cada caso la posible implicación subjetiva que, como acto, precipita efectos de discurso con alguna consecuencia posible en la estructura fantasmática del sujeto.

Será con un estilo propio, de acuerdo al modo en que el sujeto esté en relación con el otro como se situará frente a la obra en un tiempo y espacio particular.

La educación por el arte: condiciones que influyen en el aprendizaje

En el campo de la educación artística y desde una perspectiva cognitiva, Elliot Eisner (2004) se concentra en identificar qué enseñan los profesores de arte y, por lo tanto, qué aprenden los estudiantes de arte. Plantea ocho condiciones que pueden influir puntualmente en el aprendizaje de las artes visuales:

1. Rescata la importancia de tener alguna imagen, idea o sentimiento que impliquen al sujeto a la hora de concebir proyectos artísticos. Es decir: el arte requiere de la expresión no como mera descarga de afecto o catarsis sino como condensación de una idea, imagen o sentimiento que consolida la vida pública dentro de un material.

2. Se otorga importancia al valor de enfrentar restricciones a la hora de trabajar, límites que se deben cumplir (intentando, en ese movimiento, trascenderlos). Es allí donde el autor utiliza el concepto 'límites de la libertad' para dar cuenta de aquellas restricciones impuestas que obligan a movilizar el ingenio, la sensibilidad y la destreza técnica.

3. Destaca la cualidad expresiva de la forma que promueve pensamientos que asumen, a su vez, características artísticas. Es lo que el autor define como 'pensamientos sentidos' en el trabajo artístico.

4. Acentúa la continuidad y profundización del plan de estudios en las actividades del estudiante.

5. Se hace referencia a la importancia del sobreaprendizaje o la automaticidad, o sea: que el sujeto adquiera un estado en el que las habilidades técnicas se

internalizan y son dominadas hasta el punto de ser utilizadas sin prestar atención, poniendo el concentrándose simplemente en las características estéticas de la forma. El autor reflexiona, trayendo a colación asuntos ya expuestos, que la automaticidad se beneficia de la continuidad y la continuidad se beneficia, a su vez, de las restricciones.

6. Remarca la importancia de la enseñanza y la transferencia de conocimientos entre diferentes campos. Se exponen dos tipos de transferencia: la transferencia proximal (que remite a la capacidad de establecer conexiones entre el aprendizaje en un campo y su aplicación en otra parte del mismo campo) y la transferencia distal (que permite ver conexiones en ámbitos que distan del campo en el que ocurrió el aprendizaje original). El autor propone que se debería enseñar no sólo a utilizar las capacidades de ver, comprender y crear sino también a aplicar lo que se ha visto, comprendido y creado a un mundo mucho más allá de los confines del aula o del colegio.

7. Se otorga gran importancia a los procesos grupales, tomándolos como un medio poderoso para la promoción del desarrollo individual ya que da la posibilidad a los estudiantes de analizar y comentar su obra y la de los demás.

8. Por último, se rescata la importancia de mostrar el progreso hecho por los estudiantes a través de prácticas que les permitan comparar sus trabajos a lo largo del tiempo, con el fin de que puedan ver cuánto han avanzado y puedan juzgar su propia obra. Se toma la evaluación como un medio que, en última instancia, estimula el crecimiento del estudiante y su desarrollo en las artes visuales.

Para finalizar con este apartado, resulta interesante recuperar una última idea de Eisner:

«La educación artística tiene como objetivo el desarrollo de la mente, aspira a ayudar a los jóvenes a ver y trata de promover esa cualidad especial de la experiencia humana que es tan característica que le damos un nombre especial. La llamamos experiencia estética. En cuatro palabras, la educación artística trata del enriquecimiento de la vida» (2004: 74).

Institucionalización del arte: la Academia

Ante el interrogante sobre el origen de las academias como organismos estatales formadores de productores de arte, el análisis tiene que detenerse en la institucionalización que alcanza la Academia durante el siglo XVIII en el contexto de la Ilustración europea como movimiento filosófico, artístico y cultural comprendido entre la Revolución inglesa de 1688 y la Revolución francesa de 1789. «Durante este siglo, la Ilustración pondera los poderes de la razón, empleados con la metáfora del Siglo de las luces, como facultad humana cuya tarea es iluminar y esclarecer en todos los rincones, donde antes reinaba el dogma religioso del cristianismo y el dogma político de la monarquía» (De la Precilla: 2004: 126).

Este movimiento convoca un nuevo protagonista histórico, un sujeto autónomo: el ilustrado. Es en este contexto donde las prácticas artísticas se emancipan de otras prácticas de la vida del hombre; ya el arte no estará bajo las exigencias del culto religioso. A partir de ese momento, las prácticas artísticas retoman su sentido puramente estético; su función se enfoca nuevamente en provocar placer o displacer a partir de juicios estéticos y con total independencia del resto de las prácticas humanas. Es, en palabras de De la Presilla (2004), la época de la autonomía de la estética y del arte. Por este motivo, según ella, es verdaderamente aquí donde comienza la Historia del Arte.

De la Presilla (2004) sostiene que la belleza relativa tiene una segunda ligazón con la estética fundacional de la Ilustración: la estética kantiana. Kant establece una diferencia entre belleza objetiva y belleza subjetiva. La primera considera la belleza como una propiedad del objeto mientras que la segunda afirma que la belleza es la interacción de las propiedades del objeto y de cómo su representación actúa en el sujeto provocando una sensación de placer. Se desplaza la belleza del objeto al sujeto estableciendo que, cuando esta sensación provoca placer en el sujeto, se alude a lo bello, mientras que cuando existe una inadecuación entre las propiedades del objeto y las facultades del entendimiento e imaginación del sujeto, se produce una sensación de displacer (es lo que Kant denomina 'lo sublime'). «Kant redefine las categorías estéticas de lo 'bello' y lo 'sublime', estableciendo las condiciones universales para que puedan establecerse los 'juicios del gusto' (nosotros diríamos juicios estéticos) y delinea también una nueva categoría: la del 'genio'». (De la Precilla: 2004: 127). La figura del genio hace referencia al artista que deja de sostenerse en modelos anteriores para concentrar todo su arte y creatividad en su propia inspiración. 'Genio' es aquel capaz de innovar, de crear y transmitir nuevas reglas.

Se suele hacer una distinción entre la aptitud artística, el talento y la genialidad. La aptitud artística es considerada una disposición o capacidad, natural o adquirida para producir un tipo especial de objetos considerados artísticos. Como todas las aptitudes, la aptitud artística se educa y se desarrolla a través de una aplicación constante. Cuando se trata de talento, hablamos de una aptitud poco frecuente, que distingue y singulariza a quien la tiene. Normalmente, el talento se atribuye a los artistas con cierto reconocimiento social que han conseguido un estilo o una manera propia de hacer las cosas. La genialidad, finalmente, se refiere a una aptitud de carácter superior: aquélla de la que está dotada una persona con una gran capacidad de invención, de organización y creación. El artista genial es aquél cuyas obras llevan un sello tanto personal como universal. Se considera que sus obras influyen sobre la sociedad y la cultura a la que pertenece.

A pesar de la relevancia de todas estas concepciones socialmente extendidas, existe hoy una tendencia teórica que considera la aptitud, el talento y la genialidad como condiciones no necesariamente determinantes para la profesión artística.

La academia y el anti-academicismo: un caso particular

Al destacar el rol que desempeñaron las academias en los procesos de conocimiento, pensamiento y prácticas históricas, surgen algunas consideraciones al respecto de los itinerarios de reconocimiento e historia del arte en la Provincia de Córdoba. Para establecer ese recorrido, Tomás Ezequiel Bondone (2005) toma como modelo de análisis el itinerario formativo de Emilio Caraffa (1862-1931) y su posterior proyección a la academia cordobesa.

Desde su creación, el 3 de junio de 1896, y durante las primeras décadas del siglo XX, la academia de Bellas Artes de Córdoba se constituye como un caso singular que ejemplifica la implementación de principios y modelos en la enseñanza artística en Argentina. Junto con una peculiar coyuntura histórica, la actividad desplegada por Caraffa en torno a la Academia originará un modelo que se constituye como el basamento en la configuración de la pintura moderna en Córdoba.

En 1882, Emilio Caraffa concurre a la Academia de la Sociedad Estímulo de Bellas Artes de Buenos Aires. Caraffa recibe una fuerte influencia de Francisco Romero; su vocación se consolida tras una disciplinada rutina en la cual el ejercicio de la copia era la práctica más habitual. Se trataba de una copia progresiva, en donde primero se reproducían figuras bidimensionales para luego copiar volúmenes escultóricos.

Cabe señalar que, durante su paso por la Academia de Estímulo, Caraffa compartió escenario con Martín Malharro (1865-1911), quien años después se transformaría en el promotor de la pintura al aire libre: la primera irrupción del antiacademicismo en Argentina. Malharro toma «una actitud de ruptura con las reglas académicas, lo que lo llevó a constituirse en un artista renovador. Caraffa en cambio, no produce una ruptura taxativa sino paulatinamente fue aproximando su quehacer a los nuevos cánones, mostrándose más consecuente con los valores de la tradición» (Bondone: 2005: 112).

En 1885, Caraffa obtiene una beca/pensión y se va a Europa a seguir con su formación. En esos momentos, la copia ocupaba un lugar importante en la formación de los alumnos y becarios de una academia; la enseñanza se organizaba de lo más simple a lo más complejo con el objetivo de ejercitar el adiestramiento de la mano y ponerlo en contacto con aquellos modelos que servían de ejemplo.

> «*Caraffa se convierte en un asiduo asistente a las salas de los museos europeos donde consolida su oficio tras horas de trabajo como "pintor copista". Pero paralelamente al ejercicio de la copia comienza a desarrollar en Italia la práctica de la pintura al aire libre, incorporando de esta manera ciertas libertades a su obra, por lo que desarrollará un academicismo heterodoxo*» (Bondone: 2005: 113).

Esto le posibilita a Caraffa el desarrollo de una pintura espontánea y de síntesis. Al igual que él, muchos pintores jóvenes de la época entran en oposición con el academicismo, dando lugar a la creación de escuelas privadas con un modo de enseñanza diferente del de las academias oficiales o tradicionales. Caraffa toma una posición de búsqueda constante. No se aleja nunca en su totalidad del modelo académico convencional sino que mantiene siempre una relación con la práctica de la copia.

Luego de los años transcurridos en Europa, Caraffa regresa a la Argentina en 1891 y se instala en la ciudad de Córdoba. La ciudad transitaba durante la última década del siglo XIX por una etapa de importantes transformaciones, caracterizada por grandes progresos en la urbanización y una gran inmigración de italianos.

La presencia de Caraffa en la ciudad marcó una importante resignificación de la Academia, lugar por donde pasaban todos los temas relacionados con las Bellas Artes en Córdoba. Caraffa se posiciona como un generador de grandes beneficios para el ambiente artístico, constituyéndose en el protagonista de la construcción de una sociedad moderna, implementando nuevas reglas de juego para el arte. Fue adoptando un esquema paulatino que consistía primero en la reproducción de estampas para pasar luego a la copia 'del natural': una manera inédita de enseñar arte en Córdoba.

Para concluir con lo desarrollado hasta aquí, se puede decir que las rupturas con el academicismo y la aparición de lo moderno, suscitan agentes relacionados con la novedad y la innovación; serán estos los factores que caracterizarán a los diferentes movimientos artísticos. En esta formación de lo moderno, donde las academias tenían aún el rol de establecerse como espacios especializados del campo artístico, la ruptura con la tradición podía llevarse a cabo. En este contexto surgen los movimientos que participan de lo que se denomina 'anti-academicismo'.

Síntesis

El arte intenta volverse una praxis vital que busca aunarse con la vida, generar emociones que evocan y convocan en cuanto integración con el resto de las esferas de la vida cotidiana en el sujeto espectador.

Es por lo anterior y más allá de ello, por lo cual Bourdieu plantea que el arte no existe; lo que existe son diversos tipos de producciones legitimadas y aceptadas por los grupos hegemónicos políticos que tratan de salvar su posición en el campo por el gusto de la acumulación estética (Bourdieu: 2000: 164). En este juego en el que yace lo objetivante y lo subjetivante del campo artístico, los agentes cambian sus posiciones pero no sus intereses.

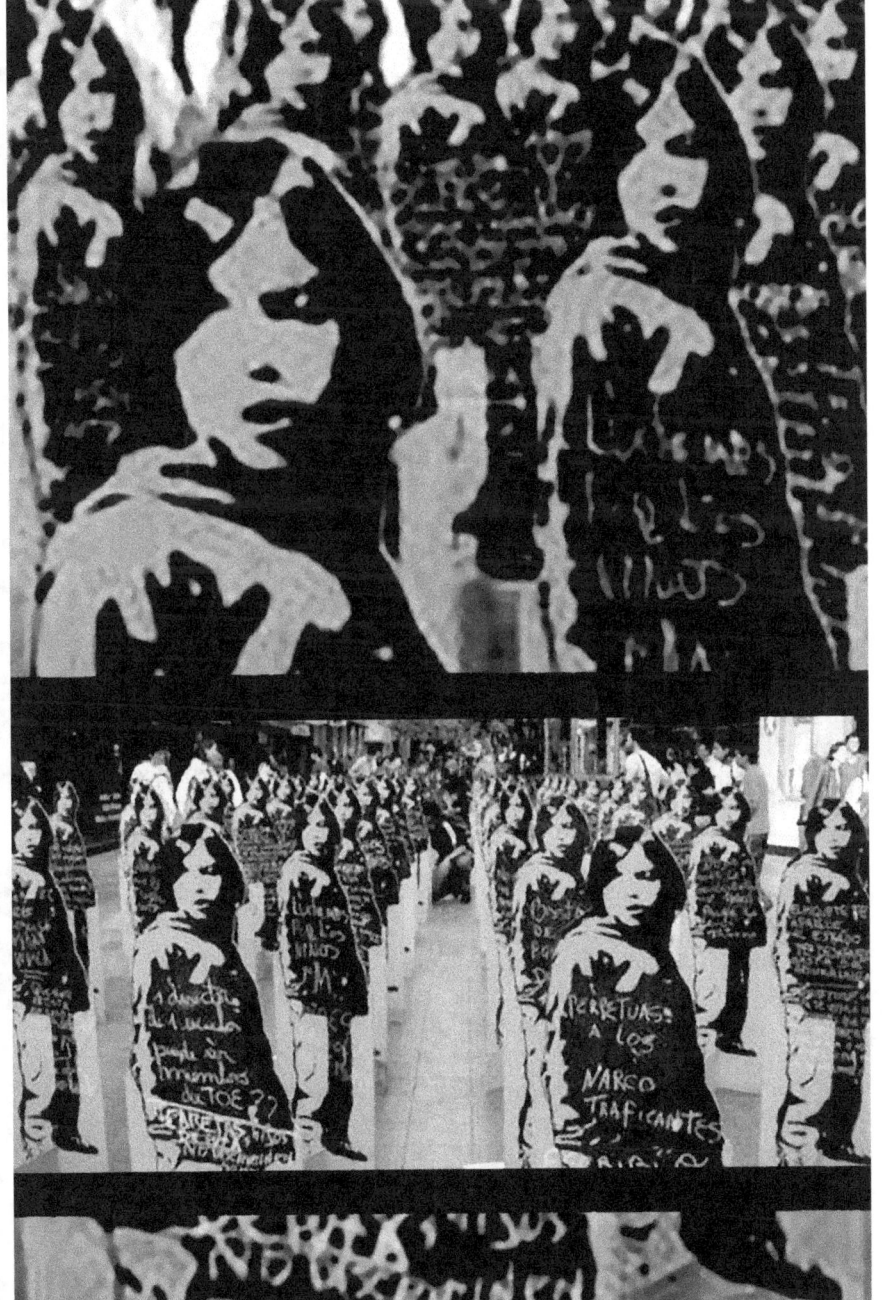

Diseño metodológico

Introducción

El diseño metodológico para investigar el problema en cuestión es de carácter exploratorio y de corte cualitativo. Se tomarán entrevistas en profundidad realizadas en la Provincia de Córdoba; la población está compuesta por personas que han transitado por escuelas públicas de formación artística y también por artistas que, a partir de su propia experiencia, se constituyen como autodidactas dentro del campo de las artes visuales.

Indagar sobre los procesos de producción simbólica de los artistas, requiere de un instrumento para recopilar información sobre la experiencia y posicionamiento de cada artista. Se considera que la entrevista semi-estructurada y el cuestionario semi-estructurado proveen este tipo de instrumentos que permiten un adentramiento en la singularidad del sujeto entrevistado. Se parte de un listado tentativo de temas y preguntas; en el desarrollo de la entrevista se van formulando los interrogantes sin tener en cuenta ninguna secuencia establecida previamente. Se permite de este modo la aparición de preguntas no previstas pero pertinentes para alcanzar los objetivos propuestos.

La entrevista indagará sobre los siguientes aspectos:
¿Qué hace que un sujeto sea artista?
¿Hay un ser del artista o un pertenecer?
¿Es posible pensar que todos somos artistas?
El campo del arte, ¿es una práctica, un saber o ambas?
¿Qué posibilita el encuentro con el arte?
Teniendo en cuenta su experiencia de encuentro con el arte y sus inicios, ¿qué cree que hace al artista?

Se tomará la Teoría Fundamentada como enfoque que guiará en el proceso de sistematizar la información recolectada. Esta teoría es un método de investigación en el que la teoría misma emerge desde los datos (Glaser y Strauss: 1967). Es una metodología que tiene por objeto la identificación de procesos sociales básicos como punto central de la teoría. La Teoría Fundamentada utiliza una serie de procedimientos que, a través de la inducción, generan una teoría explicativa de un determinado fenómeno estudiado. Los conceptos y las relaciones entre los datos son producidos y examinados continuamente hasta la finalización del estudio. La aportación más relevante de esta teoría es su poder explicativo en relación con las diferentes conductas humanas dentro de un determinado campo de estudio. La emergencia de significados desde los datos hace de esta teoría una metodología adecuada para el conocimiento de un determinado fenómeno social. La explicación y la búsqueda de significados dan cuenta de un enfoque interpretativo, hermenéutico. La Teoría Fundamentada permite construir conceptos, teorías, hipótesis y proposiciones partiendo directamente de los datos y no de supuestos a priori, de otras investigaciones o marcos teóricos preexistentes. La teoría se desarrolla a partir de un conjunto de datos recolectados.

Se otorga especial importancia a la comparación constante de los datos. El investigador simultáneamente codifica y analiza datos para desarrollar conceptos. Mediante la comparación continua de incidentes específicos de los datos, el investigador refina los conceptos, identifica sus propiedades, explora sus interrelaciones y compara las similitudes, diferencias, patrones que se repiten, regularidades o anomalías, para integrarlos luego en una teoría coherente.

El objetivo de la Teoría Fundamentada es, por lo tanto, el descubrimiento de una teoría explicativa comprensiva acerca de un fenómeno particular. Las técnicas y procedimientos analíticos permiten al investigador desarrollar una teoría sustantiva que es significativa, compatible con el fenómeno observado, generalizable, reproducible y rigurosa.

En este modelo, se pueden encontrar dos niveles de explicación:
1- La perspectiva horizontal, que muestra los elementos básicos del modelo. Se pretende mostrar los principales ingredientes que influyen en la transformación de datos, es decir: en códigos conceptuales, formas de codificación y tipos de teorías emergentes.
2- Un segundo nivel que se aboca a las tareas centrales de la Teoría Fundamentada. Los elementos dinámicos del modelo se componen de muestreo teórico, método de análisis comparativo constante, saturación y clasificación teórica, establecimiento de procesos sociales básicos y escritura teórica.

La significatividad del modelo viene marcada por las conexiones de los elementos de un mismo nivel con el resto de elementos del segundo nivel.

Inicialmente, el proceso comienza con la identificación de un área de interés a explorar. En la misma, la muestra está relacionada directamente con la teoría. Es una parte más del proceso de recolección de datos y análisis. La recolección de datos va configurando el tamaño de la muestra final (que viene determinada por el desarrollo de categorías y la teoría emergente). El investigador no conoce el tamaño final de la muestra ya que en el transcurso del proceso podrá determinar la necesidad de recopilar mayor cantidad de datos en pos de formar argumentos más sólidos. Esto se conoce como 'muestreo teórico'. Este proceso de recolección de datos es controlado por la teoría emergente. La credibilidad final de la teoría generada depende menos del tamaño de la muestra que de la riqueza de información recogida y las habilidades analíticas del investigador.

En la Teoría Fundamentada se produce la recolección y análisis de datos. El proceso comienza con códigos abiertos sobre los datos recogidos que dirigen la muestra en todas las direcciones hasta el descubrimiento de variables centrales fuertemente respaldadas por los datos. Cuando este nivel se consigue, la muestra llega a ser selectiva y se dirige hacia los temas que son centrales en la teoría emergente. Sólo cuando ya no existen conceptos que emergen de los datos, deberá el investigador dejar de buscar información, es decir: cuando se llega a la saturación de los datos. En este sentido, el procedimiento general para definir la muestra final consiste en identificar códigos de los datos obtenidos desde el comienzo en la recolección de la información y lograr su saturación a través del análisis comparativo constante.

En el proceso de análisis de datos, todos los conceptos son agrupados en categorías descriptivas. En esa instancia son reevaluados por sus interrelaciones y, a través de una serie de pasos analíticos, son gradualmente incluidos en categorías centrales que sugieren una teoría emergente. Una categoría central representa un patrón de conducta.

La meta de la Teoría Fundamentada es generar teoría que describa qué es relevante y problemático para un patrón de conducta en la situación estudiada, en las interacciones de determinada población en contextos particulares.

Pregunta-problema

¿Cómo se piensa a sí mismo un artista en el campo de las artes visuales?

Hipótesis de trabajo

Las prácticas del sujeto-artista en el campo de las artes visuales se definen a través de la obra de arte en acto.

Planteo del problema

La complejidad que involucra la denominación 'artista' despierta inquietud, una curiosidad que abarca tesis irracionalistas de éxtasis e inspiración y teorías racionalistas sobre una actitud deliberada y lógica en la producción artística.

Se hará referencia aquí a la posición del sujeto al definirse como artista, prefigurando la concepción de Umberto Eco de proceso creativo. Se tendrá en cuenta tanto la idea de programación consciente como también los conceptos de relectura de lo que escapa al conocimiento del autor; es decir: la materialidad de la obra de arte como obra abierta en su pasaje hacia las prácticas que hacen al ser del artista en su autodefinición y las condiciones externas que posibilitan el hecho artístico.

En el estado actual del arte denominado 'contemporáneo', se trataría más bien de dilucidar la idea de unidad o disolución en la producción artística e instalar la paradoja del pasaje de la representación como presencia efectiva a la representación como duplicación de su ausencia. Esta presencia sin mediación que podría prescindir de las palabras, las imágenes y las ideas, que sólo insta a algo que no cesa de no inscribirse como tal, acerca el análisis a la teoría de la complejidad y el entrecruzamiento con lo estético.

La complejidad de la obra de arte y el autor en tanto sujeto remite a múltiples significados ambiguos que conviven en un solo significante; remite también a la historicidad de la obra, la coautoría del receptor a través del tiempo, etc. La intención de abordar el dilema del artista-autor conduce al planteo de que todos son artistas pero particularmente algunos asumen la producción artística como proyección vital.

Objetivos

Objetivo general
-Indagar las prácticas a través de las cuales el sujeto artista da cuenta de sí.

Objetivos específicos
-Interpelar al artista como autor y analizar su enlace con el hecho artístico.

-Comprender el encuentro del artista con su obra.
-Reconocer las derivaciones de las prácticas artísticas en el campo psicosocial.

Metodología

La metodología que se aplicará es de corte cualitativo: un método de investigación utilizado principalmente en las ciencias sociales. Está fundamentado en cortes metodológicos que se sostienen en principios teóricos tales como la fenomenología, la hermenéutica, la interacción social. Se emplean métodos de recolección de datos no cuantitativos con el propósito de explorar las relaciones sociales y describir la realidad tal como la experimentan los entrevistados. La investigación cualitativa requiere un profundo entendimiento del comportamiento humano y las razones que lo gobiernan. Se utilizará para el análisis de datos algunos dispositivos de la Teoría Fundamentada como guía (Glaser, Barney y Strauss, Anselm:1967), como así también para la sistematización del análisis de los ejes a considerar a (Taylor y R,Bogdan:2000). Estos dispositivos ofrecerán un esquema abierto a partir del cual se llevará a cabo un análisis pormenorizado de las entrevistas. Luego se procederá a elaborar categorías de análisis y patrones o rangos que permitirán establecer procesos de saturación de la información obtenida.

Muestra

Se realizaron 60 cuestionarios auto-administrados y semi-estructurados, además de 9 entrevistas en profundidad.

Población

Los cuestionarios fueron realizados a alumnos ingresantes a la carrera de artes visuales de la Escuela de Bellas Artes Dr. Figueroa Alcorta de la ciudad de Córdoba y alumnos avanzados de las carreras de formación docente y la tecnicatura de nivel superior no universitario de la misma institución. Como así también artistas autodidactas y graduados de dicho campo.

Modalidad de la recolección de datos

Los informantes fueron seleccionados según criterios vinculados a los recorridos y trayectorias biográficas que los vinculen a la formación formal y no formal en el campo de las artes visuales, que estén produciendo obras, y que se sientan inclinados a la formación sistemática y no sistemática de la elección artística en dicho campo.

Instrumento

- Prueba piloto preliminar: grupo focal.
- Cuestionario auto-administrado y semi-estructurado.
- Entrevista en profundidad.

Indagar sobre las prácticas que dan cuenta de sí a los artistas y la producción simbólica del campo estético requiere un instrumento que pueda recabar información sobre la experiencia y posicionamiento de cada uno de los involucrados. La entrevista ofrece un instrumento adecuado para profundizar en la singularidad del sujeto entrevistado.

La elaboración de grupos focales (o Focus groups) como prueba piloto tiene como fin la construcción definitiva del instrumento. Se formaron dos grupos focales a través de los cuales se estableció un análisis en categorías y subcategorías con una muestra intencional a modo de prueba piloto en la investigación exploratoria. Esta aproximación permite ver y analizar asociaciones de validez metodológica. Partiendo del Focus group, se fueron descartando algunas preguntas que generaron inseguridad, incertidumbre o ansiedad en los artistas y repercutieron en sus respuestas.

Se parte de un listado tentativo de temas y preguntas. En el desarrollo de la entrevista se van planteando los interrogantes sin seguir, necesariamente, la secuencia establecida previamente. Se permite así la formulación de nuevas preguntas no previstas pero pertinentes para la consecución de los objetivos.

En relación con la recolección de datos, también se incluyeron entrevistas en profundidad una vez confeccionado dicho instrumento.

Metodología: Entrevista en profundidad (composición de la muestra)	
Características	Personas
Graduados	5
Autodidactas	4
Total de entrevistas	9

Observación: El reclutamiento de esta muestra incluye graduados en escuelas de Bellas Artes de la ciudad de Córdoba y graduados de otros campos con formación y trayectoria asistemática en el campo de las artes visuales (también denominados 'autodidactas').

Análisis y discusión de resultados

En el primer análisis de datos, se consideró la agrupación por categorías con la intención de sistematizar y agrupar datos de las entrevistas consideradas como relevantes en función de la hipótesis de trabajo a fin de poder contrastar y relacionar ejes significativos. Se establecerá, entonces, una distinción entre alumnos en calidad de ingresantes y alumnos en condición de finalización en las carreras de Artes Visuales en una primer etapa, de manera tal que a continuación se definen las siguientes categorías y términos claves empleados por los informantes.

A: Alumnos en calidad de ingresantes

1° categoría: Sensibilidad: Considerada esta como la capacidad de experimentar la percepción consigo mismo y con los otros.
«Se expresan emociones y sentimientos».
«El disfrute».
«Plasmar ideas en objetos y que sean vistas por otros».
«Involucrarse».

2° categoría: Creatividad: considerada esta como la capacidad de expresar modos diferentes de actuar frente a la realidad.
«Distintas formas de ver el mundo».
«Me siento diferente a otros».
«No puedo dejar de hacerlo».

3° categoría: Talento: Considerada esta como la capacidad o, desempeño, llamado, a realizar una acción.
«Misión y vocación».
«Nací para esto».
«Es un deber».

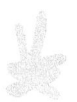

«Es una necesidad».
«Es una obsesión».

4° categoría: Habilidad: Considerada esta como la capacidad de desenvolverse adecuadamente, desplegando acciones placenteras.
«Experiencias infantiles, placenteras y de cotidianidad».
«Experimentación».

Por otro lado, estos mismos informantes hacen referencia a la esencia o pertenencia del artista en el campo artístico considerando tres ejes de análisis posibles a considerar que responden a las tres dimensiones definidas en el apartado teórico.

1° Eje: El ser
-«Está en uno».
-«En principio».
-«Sale a la luz en la obra».

2° Eje: La obra
-«Partimos de una idea y la plasmamos en un objeto; luego elegimos el material o no sé... el material nos elige a nosotros».

3° Eje: El pertenecer
-«Se involucra como persona y su experiencia como hombre en esta tierra».

Es así también que se asocia al conocimiento el saber propio del campo artístico resignificando la dimensión de la práctica como clave; se desprenden de esto tres ejes de análisis a considerar en relación a esta vinculación:

1° Eje: La transmisión
-"Se aprenden técnicas, pintura, grabado y escultura".
-«Se conocen los diferentes movimientos y sus técnicas».

2° Eje: La experimentación
-"La exploración de elementos y efectos visuales".
-«Es la parte de juego, de ensayo y error donde es posible todo».
-«La mancha».

3° Eje: La experiencia de vida
-"La particularidad de una estética marcada por el interés y los gustos."
-"Pertenecer a... Sentir placer con lo que se hace".
-«Marcar un estilo propio».

Se ha considerado útil la identificación de aquellas palabras asociadas con la palabra 'arte' como así también de aquellas que no corresponderían con la misma; se desprenden de esta constatación tanto sinónimos como antónimos:

Sinónimos:

Expresión.
Libertad.
Creación.
Sentimiento.
Habilidad.
Felicidad.
Placer.
Amor.
Pasión
Capacidad.
Saber.

Antónimos:

Alienación.
Frialdad.
Opresión.
Obligación.
Desolación.
Vacío.
Ignorancia.
Enloquecimiento.
Odio.
Copia.
Tristeza.
Represión.

Considerando también la vinculación del artista con la obra, se han podido recoger algunas asociaciones reiteradas al decir

de los informantes, relacionadas con el quehacer del artista y su experiencia estética en obra. Ambas responden a dos funciones propias del ser artista e implican un proceso angustiante:
«Estar en obra te da una sensación de impotencia».
«Lo mejor de la obra es cuando creemos que termina».

Resulta necesario considerar que surgen dos aspectos fundamentales a la hora de pensar la obra:
-En el primer tiempo: La idea
-"La confusión".
-"El encuentro con la imagen."
-"La hoja en blanco: el comienzo con los trazos."
-"Desprenderse de un estilo".

-En el segundo tiempo: Los materiales
-"La exploración y encuentro de los materiales a utilizar".
-"La aplicación de alguna técnica."
-"El costo inicial".

-En el tercer tiempo: El reconocimiento:
-"El plasmarlo para que otro mire"
-"Buscar el modo de mostrarlo"

B: Alumnos en condición de finalización

Se puede afirmar que, en cuanto al modo en que el sujeto se piensa como artista, las significaciones asociadas contuvieron expresiones o términos diferentes estableciéndose así las siguientes categorías de análisis.

1° categoría: Sensibilidad: Considerada esta como la capacidad de expresar, sentir, pensar el entorno:
«Captar y expresar la realidad y entorno».
«Pensarse y jugar».
«Plasmar ideas en objetos y que sean vistas por otros».
«Ante lo que se nos presenta como mundo real».

2° categoría: Creatividad: Considerada esta como la capacidad y necesidad de conectarse.
«Expresarse con líneas, con notas musicales, con el cuerpo, con el alma».
«Encontrarte con otros y disfrutar».
«No puedo dejar de hacerlo».

3° categoría: La expresión: Considerada esta como la capacidad de conectarse desde si para otro.
«Poder expresarse, pensarse y jugar».
«El propio sujeto».
«Voluntad, energía, imaginación, pasión, obsesión, vocación».

"Esta en uno y otro lo descubre"
«Experiencias que comienzan con lo que aprendemos».
«Experimentación».

Por otro lado, esta población se expresó al respecto del ser o pertenecer del artista en el campo artístico considerando tres ejes de análisis posibles a considerar que responden a las tres dimensiones definidas en el apartado teórico.

1° Eje: El ser
«Está en uno».
«En principio».
«Sale a la luz en la obra».

2° Eje: La práctica
«Ambas, el saber y la práctica son parte de lo mismo, no todos lo ven o lo creen».
«El conocimiento no hace al artista».

3° Eje: Conciencia

«Es el saber que se completa con un comprometido estado de conciencia».
«La combinación de saber y práctica, implica lograr objetivos».
«No se termina de saber nunca».

Los sujetos analizados asociaron también al conocimiento general el saber propio del campo artístico. En este procedimiento se resignifica la dimensión de la práctica como palabra clave reiterada y se desprenden tres ejes de análisis en relación a esta vinculación.

1° Eje: La transmisión:
-"Aprendizaje de técnicas, pintura, grabado y escultura. «Se conocen los diferentes movimientos y sus técnicas».

2° Eje: La experimentación:
"La exploración de elementos y efectos visuales". «Es la parte de juego, de ensayo y error donde es posible todo».

3° Eje: La institución:
Identidad o pertenencia; reconocimiento de la pertenencia y la historia institucional. «Marca el recorrido, con quien te formas».

Se ha considerado asimismo identificar, en el instrumento de recolección de datos, aquellas palabras asociadas a la palabra 'arte' como así también aquellas que no se corresponderían con la misma. De ese ejercicio se desprenden palabras asociadas como sinónimos y antónimos del hecho artístico:

Sinónimos:
Mirar.
Cultura.
Mente abierta.
Honestidad.
Provocación.
Manifestación.
Placer.
Amor.
Pasión.
Mensaje.
Desencanto.

Antónimos:
Alienación.
Conformidad.
Opresión.
Obligación.
Especulación.
Complicidad.
Ignorancia.
Represión.

Resulta necesario considerar dos momentos fundamentales que surgen a la hora de pensar la obra:

1° Tiempo: La idea
La confusión.
El encuentro con la imagen.
Expresar una visión.
Incorporar nuevas técnicas.

2° Tiempo: La investigación
La exploración.
La aplicación de una técnica.
Tratar de que la obra logre algún cambio en quien la mira.

Como primera aproximación, se puede decir que el sujeto artista se define por su ser, sensibilidad, pensamiento y reconocimiento. Se construye como tal desde experiencias placenteras y sus propias necesidades. Es posible pensar que el ser del artista implica estar atravesado por la formación académica, por la posición y la permanencia. Aparece como un recorrido, una búsqueda e indagación intentando modificar algo del entorno.

El esfuerzo es considerado como una apuesta en la obra.

Considerando la vinculación del artista con la obra, se recogieron algunas asociaciones relacionadas con el quehacer del artista y su experiencia estética, éstas son las siguientes teniendo en cuenta que ambas responden a dos funciones propias del ser artista:

-«Un artista traduce ideas en una experiencia estética».

-«Pasión por lo que hace, esfuerzo e investigación».

Hallazgos y consideraciones finales

Se intentarán articular las diferentes conclusiones parciales a las que se ha arribado en cada uno de los capítulos para, de este modo, dar una repuesta a los interrogantes planteados en el comienzo. De igual manera, se intentarán remarcar algunos puntos que quedaron sin resolver y aquellos nuevos interrogantes que se fueron generando durante el transcurso de la investigación (lo cual dará pie a futuras formulaciones). Se comenzará por la pregunta-problema planteada al inicio de la investigación: si es posible que, en las prácticas, el artista dé cuenta de sí a través de su obra en acto, en el campo de las artes visuales. Los aspectos a analizar a lo largo de esta tesis permiten esbozar algunas de las posibles aproximaciones.

El artista, como sujeto hacedor de eso que llaman 'arte', no está motivado por la aprehensión del inconsciente sino más bien por su entorno. Se pone en cuestión la importancia de aquello que vendría del inconsciente en cuanto tal; es necesario, para el artista, realizar el acto de plasmarlo e instrumentarlo en función de la obra.

Es así que, en relación con la recolección de datos, se puede decir que: en el caso de los alumnos ingresantes a las carreras de Artes Visuales: se manifiesta una mayor sensibilidad para expresar y captar la realidad de su entorno, como así también una mayor capacidad lúdica de plasmar las ideas en objetos, y una posibilidad más abierta para el desarrollo de experiencias de aprendizaje en relación con el campo artístico. Por otro lado, los intentos vocacionales fallidos antes de tomar la decisión por el campo artístico, implican una posibilidad de fuertes representaciones asociadas al reconocimiento y valoración del otro.

En cuanto a los alumnos que finalizan su etapa de formación

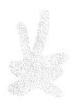 dentro del marco institucional de la escuela de Artes: se visualiza una mayor posibilidad para experimentar y crear dentro del marco institucional, posibilitando el encuentro y disfrute con otros. Se desarrolla un importante encuentro con el conocimiento en relación con las ideas y las técnicas pero, a su vez, se deja a un lado la capacidad de asombro, de expectación, de sensibilidad; el saber y la práctica comienzan a ser parte de un proceso de aprendizaje. La institución comienza a marcar una estética ligada a la identidad y a los gustos propios; se genera así un reconocimiento de la pertenencia e historia institucional como así también una búsqueda intensa de un estilo propio. Esta experiencia estética implica, para estos jóvenes, una fuerte pasión por lo que hacen; esfuerzo e investigación se traduce en ideas. Aparece un recorrido, una búsqueda e indagación para modificar algo del entorno. El esfuerzo es considerado una apuesta fuerte en la obra. Es por ello que se habla de habilidad y no de talento; o, como dicen algunos, «el conocimiento no es algo a priori».

En el caso de los artistas entrevistados graduados y autodidactas: se visualizó algo similar a lo manifestado por los alumnos avanzados en las carreras de Artes Visuales. Se afirma que no es condición, para denominarse 'artista', tener un "talento". Más bien, la identidad del artista estaría relacionada con el desarrollo de una habilidad a lo largo de la historia vital, como así también con posibilidades, oportunidades, motivaciones que distan de lo comúnmente llamado "talento innato". Además, se vincula la tarea del artista a una profesión, es decir: implica una dedicación, esfuerzo, constancia, experimentación, permanencia en un campo específico. La práctica del artista, en este sentido, adquiere una dimensión central para su permanencia en el campo. Es así que se dice: «El sujeto artista desarrolla su creatividad por el mismo mecanismo que un futbolista desarrolla su capacidad para jugar al fútbol y esto lo diferencia de los demás pero él quiere jugar su propio juego en ese campo» (Fabián Liguori).

Un rasgo recurrente en los discursos, de estudiantes y artistas, es la vinculación de la elección vocacional por el arte con experiencias placenteras e infantiles. En muchos casos, el encuentro con el arte ha sido producto de influencias del contexto familiar y sociocultural. La vivencia placentera estaría relacionada con momentos de producción creadora.

En relación con la obra resulta significativo decir: que la obra es pensada por muchos artistas como un canal, un vehículo hacia otros campos. El artista, a través de su obra, desborda su propio campo en cuestión. En la producción de obra no sólo habría aspectos subjetivos del creador en juego, trayectorias, estilos, sino además, aspectos que reflejan cuestiones de implicación social. Algunos artistas reconocen su irrupción en el conjunto social, su desafío de las estructuras establecidas a priori; se ven como agentes de cambio, como los llamaría Pichón-Riviére. En el campo de las artes visuales, en el arte contemporáneo, la obra no se manifiesta como una necesidad de expresión del artista sino como un lazo o conexión con el otro, sea éste un espectador competente o un espectador contemplativo.

Que los sujetos artistas reconocen a la obra no como aquel producto terminado sino como un proceso que puede iniciarse en una imagen que llama a ser plasmada en el papel, como así también en el hacer mismo o incluso en una situación fortuita. La obra, en tanto impacto social, podría convertirse en una filosofía, un estilo de vida que atraviesa a los sujetos que la comparten. La idea puede ser elaborada con una intencionalidad a priori pero es posible también que luego de finalizado el proceso creador de la obra aparezcan nuevas ideas no racionales. La comunicación artística en la obra requiere de libertad sin desmerecer el proceso de construcción técnica.

Es de considerar que uno de los fines de la obra de arte es causar emoción a otro ser, conmoverlo, producir sensaciones

independientes de las circunstancias en que fue creada y la personalidad del autor (que no requieren ningún lazo especial con el espectador salvo su sensibilidad). O, en palabras de uno de los artistas, «yo creo que podríamos hablar de una sensibilidad, de una marcada necesidad de estar con el otro o de comunicar a partir de esta herramienta que son las artes visuales. Arte usado como forma de comunicación».

Por otro lado, tanto en el caso de estudiantes avanzados de las carreras de Artes Visuales como en sujetos que desempeñen tareas artísticas, se interpreta en los discursos la recurrencia del reconocimiento del otro como fundamental en el proceso creador. La obra no es tal si no es mirada por otro.

Retomando la hipótesis inicial y contrastándolas con las diferentes respuestas dadas por aspirantes a las carreras de Artes Visuales y artistas graduados o autodidactas, se puede decir que las prácticas del artista-autor se definen en su obra en acto.

Si bien la mayoría de los informantes sostienen que la creatividad del artista es un aspecto humano, muchos de ellos dicen que ser artista remite a pertenecer al campo artístico, es decir: que el artista se define por su práctica. La misma constituye una práctica disciplinada que requiere de esfuerzo y dedicación, y tiene la misma lógica que cualquier otra tarea.

Se considera que a lo largo de la investigación se han colmado los objetivos planteados al comienzo. Es importante destacar que se produjo un exceso de los mismos que permitió un adentramiento en el campo artístico. Este proceso reveló algunas de sus particularidades y desmitificó algunas de las cosas que circulan en el imaginario social hoy.

Se identifica una lógica particular en relación con el encuentro con la obra a partir de lo recolectado en las entrevistas: tres dimensiones diferentes están vinculadas por tres miradas diferentes y tres tipos de espectadores. Todo esto se produce en tres tiempos:

Mirar / Fascinación / Espectador contemplativo: la fascinación es el modo en que se actualiza y se manifiesta la emergencia de una mirada inconsciente. La mirada surge cuando se produce el encandilamiento por un foco de luz vibrante, irradiante, puntual: un foco de luz proveniente de la pantalla reflejante del Otro. Este primer momento correspondería al espectador contemplativo que queda enceguecido, fascinado en el encuentro con la obra.

Mirarse / Pregnancia / Espectador participativo: el yo no acoge, ni recibe, ni percibe todas las imágenes. Percibe sólo aquellas en las que él se reconoce. Es decir: el yo percibe imágenes pregnantes, imágenes que, de lejos o de cerca, reflejan lo que él es esencialmente. La pregnancia es una de las tantas formas que adopta el sentido ('sentido' entendido en su acepción psicoanalítica) de ser efecto producido cuando una forma imaginaria provoca el placer del ajuste a ella y, sobre todo, del reconocimiento en ella. El espectador participativo comenzaría a vincularse con la obra de arte a través de la búsqueda de un sentido; la obra en tanto imagen pregnante puede reflejar lo que es el yo, conectarse con su propia historia.

Ser mirado / Otredad / Espectador crítico: es necesario pasar por la fascinación y luego por la pregnancia para lograr la distancia del objeto que realiza el espectador crítico, aquel que, a través de la palabra, puede decir algo de la obra de arte. Puede decirse que en este momento de la mirada es cuando se puede emplear la crítica, la mirada del otro, como enlace y elaboración simbolizante.

Resulta interesante también indagar al respecto de cómo influye la institucionalización en el desarrollo de las propias prácticas y en los procesos subjetivos. Se destaca también la relevancia de los recorridos no sistemáticos como significativos en la producción de obra. ¿Qué sucede con el desarrollo de la libertad y la creatividad en las instituciones? Esta pregunta central ocasiona ambigüedad en la respuesta. Se considera que los discursos de artistas al respecto de la necesidad de salirse de la institución es un dato relevante que debe abrir nuevas investigaciones que excedan el campo artístico; ambos recorridos son considerados necesarios en la producción de la obra.

Referencias bibliográficas

ALCALÁ, RAMÓN ROMÁN
2007: "Del arte con fronteras a las obras nómadas. Si el arte ha muerto: ¿Qué es el arte?". In Fedro, Revista de estética y teoría de las artes, 6. Sevilla.

ASSEF, JORGE
2005: "Saber hacer con el vacío". In Arte y psicoanálisis. El vacío y la representación. Gerard Wajcman et. al. Córdoba: Editorial Brujas y UNC.

AULAGNIER, PIERA
1977: "El trabajo de la interpretación". In Cuerpo, historia, interpretación, Luis Homstein et. al. Buenos Aires: Amorrortu.

BENJAMIN, WALTER
1989: La obra de arte en la época de la reproductibilidad técnica. Buenos Aires: Taurus.

BERGER, JOHN
1997: Algunos pasos hacia una pequeña teoría de lo visible. Madrid: Árdora Ediciones.

2004: Siempre bienvenidos. Madrid: Huerga & Fierro.

2005: Esa belleza. Madrid: Bartleby Editores.

2006: Sobre las propiedades del retrato fotográfico. Barcelona: Gustavo Gili.

2010: Con la esperanza entre los dientes. Buenos Aires: Alfaguara.

BEAUILEU, PAULA
2010: "El empleo cultural de los artistas y creadores en una ciudad excéntrica". In Indicadores culturales 2009, Francisco José Piñón (editor). Caseros: Universidad Nacional 3 de febrero.

BEUYS, JOSEPH y BODENMANN-RITTER Clara
1995: Joseph Beuys: cada hombre, un artista. Conversaciones en Documenta 5-1972. Madrid: Editorial Visor.

BLEICHMAR, SILVIA
2009: La subjetividad en riesgo. Buenos Aires: Editorial

Topía.
2011: La construcción del sujeto ético. Buenos Aires: Editorial Paidós.
BONDONE, TOMÁS EZEQUIEL
2005: Manual del curso de ingreso de la Cátedra "Historia del arte", Escuela de Bellas Artes Dr. Figueroa Alcorta. Córdoba.
BOURDIEU, PIERRE
1996: Las Reglas del arte. Génesis y estructura del campo literario. Madrid, Editorial Istmo.
2000: Cuestiones de Sociología. Madrid: Editorial Istmo.
2003: Creencia artística y bienes simbólicos. Buenos Aires: Aurelia Rivera.
2012: El sentido social del gusto. México: Siglo XXI.
BOURDIEU, PIERRE y DARBEL, ALAIN
2004: El amor al arte. Los museos europeos y su público. Barcelona: Ediciones Paidós Ibérica.
BOYÉ, CLAUDIO
2009: "Situación del arte en el malestar posmoderno". In Arte y psicoanálisis. Los trastornos de la Cultura, Irene Accarini (coordinadora). Caseros: Universidad Nacional 3 de febrero.
BOZAL, VALERIANO
1999: Historia de las ideas estéticas y de las teorías artísticas contemporáneas (vol. II). Madrid: Visor.
DANTO, ARTHUR
1984: After the end of art. Princeton University Press, New Jersey.
2002: Después del fin del arte, el arte contemporáneo y el linde de la historia. Barcelona: Paidós Ibérica.
DE LA PRECILLA, FABIOLA
2004: Manual del curso de ingreso a la Cátedra "Historia del arte", Escuela de Bellas Artes Dr. Figueroa Alcorta. Córdoba.
DICKIE, GEORGE
1984: El círculo del arte: Una teoría del arte. Buenos Aires: Paidós Estética.
DURANT, GILBERT
2005: La imaginación simbólica. Buenos Aires: Amorrortu

Editores.
ECO, UMBERTO
1985: "La estética de la formatividad y el concepto de interpretación". In La definición del arte. Barcelona: Editorial Planeta.
1997: Arte y Belleza en la estética Medieval. Buenos Aires: Editorial Lumen.
EISNER, ELLIOT
2004: El arte y la creación de la mente: el papel de las artes visuales en la transformación de la conciencia. Barcelona: Paidós.
EVANS, DYLAN
2007: Diccionario introductorio de psicoanálisis lacaniano. Buenos Aires: Paidós.
FOUCAULT, MICHEL
1969: ¿Qué es un Autor? Edición de Corina Iturbe. México: Universidad Autónoma de Tlaxcala y La Letra Editores.
2005: La hermenéutica del sujeto. Buenos Aires: Fondo de Cultura Económica.
FREUD, SIGMUND
1989a: "Inhibición, síntoma y angustia". In Obras completas (vol. XX). Buenos Aires: Amorrortu Ediciones.
1989b: "El malestar en la cultura". In Obras completas (vol. XXI). Buenos Aires: Amorrortu Ediciones.
1989c: "Nuevas conferencias de introducción al psicoanálisis". In Obras completas (vol. XXII). Buenos Aires: Amorrortu Ediciones.
1989d: "Análisis terminable e interminable". In Obras completas (vol. XXIII). Buenos Aires: Amorrortu Ediciones.
1989e: "Introducción al narcisismo". In Obras completas (vol. XIV). Buenos Aires: Amorrortu Ediciones.
GIUSTI, CARLOS y BARBAGELATA, NORMA (compiladores)
2004: Psicoanálisis y cine: Un dispositivo en extensión. Santa Fe: Universidad Nacional del Litoral.
GLASER, BARNEY y STRAUSS, ANSELM

1967: The Discovery of Grounded Theory: strategies for qualitative research. New York: Aldine.
GOMBRICH, ERNST
1971: Freud y la psicología del arte. Estilo, forma y estructura a la luz del psicoanálisis. Buenos Aires: Editorial Debate.
1997: La historia del arte. Buenos Aires: Editorial Sudamericana.
HAUSER, ARNOLD
1963: Historia social de la literatura y el arte. Madrid: Guadarrama.
HERNÁNDEZ BELVER, MANUEL
2008: Estudios empíricos sobre criterios estéticos y juicio artístico en estudiantes de bellas artes y psicología. Tesis doctoral. Madrid.
HOMSTEIN, LUIS
2000: Narcisismo: autoestima, identidad y alteridad. Buenos Aires: Paidós.
2003: Intersubjetividad y clínica. Buenos Aires: Paidós.
2004: La subjetividad y lo histórico social. Buenos Aires: Paidós.
LACAN, JACQUES
1988: Seminario VII: La ética del Psicoanálisis. Buenos Aires: Paidós.
2003a: Seminario VIII: La transferencia. Buenos Aires: Paidós.
2003b: La familia. Barcelona/Buenos Aires: Editorial Argonauta.
LLOMPART, PAULA y ZELIS, OSCAR
2008: El valor del arte para el desarrollo subjetivo. Talleres de expresión artística en Salud Mental y Educación Especial. Buenos Aires: Letra Viva.
LORENZANO, CÉSAR
2008: El enigma del arte. Buenos Aires: Prometeo.
MANGIFIESTA, CLAUDIO
2004: El trazo incesante. Psicoanálisis / Creación. Buenos Aires: Letra Viva.

MENASSA, MIGUEL OSCAR
1987: Freud y Lacan –hablados 1–. México: Fondo de Cultura Económica.
MORIN, EDGAR
2006: El método. Madrid: Editorial Cátedra.
NASIO, JUAN DAVID
2001: La mirada en psicoanálisis. Barcelona: Gedisa Editorial.
NOÉ, LUIS FELIPE
2009: No escritos sobre eso que se llama arte: 1996-2006. Buenos Aires: Adriana Hidalgo Editora.
PANOFSKY, ERWIN
1999: La Perspectiva como forma simbólica. Barcelona: Tusquets Editores.
PICHON-RIVIÈRE, ENRIQUE
2008: El proceso creador. Del psicoanálisis a la psicología social. Buenos Aires: Ediciones Nueva Visión.
RECALCATI, MASSIMO
2006: "Las tres estéticas de Lacan". In Las tres estéticas de Lacan (psicoanálisis y arte), Massimo Recalcati et. al. Buenos Aires: Ediciones del cifrado.
REGNAULT, FRANÇOIS
1995: El arte según Lacan. Barcelona: Ediciones Eolia.
RODULFO, RICARDO
1999: Dibujos fuera del papel: de la caricia a la lectoescritura en el niño. Buenos Aires: Paidós.
SERRALLER CALVO, FRANCISCO
2001: El arte contemporáneo. Madrid: Taurus.
SONTAG, SUSAN
2005: Sobre la fotografía. Buenos Aires: Edhasa.
TATARKIEWICZ, WLADISLAW
1987: Historia de seis ideas. Madrid: Tecnos.
TAYLOR, S,J,BOGDAN,R
2000: Introducción a los métodos cualitativos de investigación: Paidos.
TULIÁN, SILVIA MÓNICA
2010: De lo sublimatorio y la creatividad. Buenos Aires: Le-

tra Viva.

TURNBULL, RODOLFO MARCOS
2008: "La belleza de Wilde". In Me cayó el veinte. Revista de psicoanálisis, 18: "Y si la belleza...". México.

VALERY, PAUL
2006: El Alma y la danza. El hombre y el caracol. México: Me cayó el veinte.

ZITO LEMA, VICENTE
2000: Conversaciones con Enrique Pichon-Riviére sobre el arte y la locura. Buenos Aires: Ediciones Cinco.

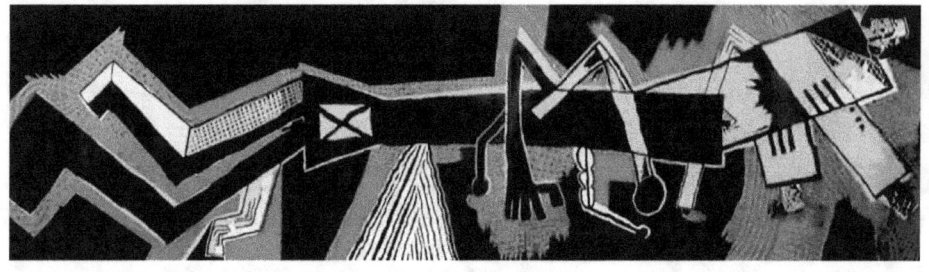

Obra: Fabián Liguori

Impreso por Editorial Brujas • septiembre de 2018 • Córdoba–Argentina

www.ingramcontent.com/pod-product-compliance
Lightning Source LLC
Chambersburg PA
CBHW060850220526
45466CB00003B/1313